KAUAN SCHUANI

Die Geheimnisse der Künstlichen Intelligenz

GOSHOS

GOSHOS

Die Geheimnisse der Künstlichen Intelligenz

KAUAN SCHUANI

INHALT

„Die Entwicklung einer vollständigen künstlichen Intelligenz könnte das Ende der Menschheit bedeuten."

– Stephen Hawking

GOSHOS

EINFÜHRUNG IN DIE KÜNSTLICHE INTELLIGENZ

Stell dir vor, du hast einen Computer, der in der Lage ist, Aufgaben zu erledigen, die normalerweise menschliche Intelligenz erfordern. Das können Dinge sein wie Lernen, Problemlösen, Mustererkennung oder sogar das Verstehen von Sprache. Genau das ist KI – ein Bereich der Informatik, der sich mit der Entwicklung von Systemen beschäftigt, die solche Fähigkeiten besitzen.

KI ist mehr als nur ChatGPT. Ein einfaches Beispiel für KI, das viele von uns täglich nutzen, ist die Spracherkennung auf unseren Smartphones. Wenn du deinem Telefon sagst: „Hey Siri, wie wird das Wetter heute?", dann erkennt die KI deine Stimme, verarbeitet die Anfrage und liefert dir eine Antwort. Hierbei kommen komplexe Algorithmen und große Datenmengen zum Einsatz, die es dem System ermöglichen, deine Frage zu verstehen und zu beantworten. Aber das ist nur die Spitze des Eisbergs. KI findet in vielen anderen Bereichen Anwendung:
Autonome Fahrzeuge, Medizinische Diagnostik, Finanzwesen, Sprachübersetzung, Kreative Künste und vieles mehr...

Was ist eigentlich der Turing-Test?

Die Wurzeln der künstlichen Intelligenz reichen weit zurück, sogar bis in die Antike. Schon damals träumten Menschen von Maschinen, die denken und handeln können wie Menschen. Der griechische Mythos von Pygmalion, der eine Statue erschafft, die zum Leben erwacht, oder die Legenden von Automaten in der chinesischen und ägyptischen Geschichte zeigen, dass die Idee von künstlichen Wesen, die menschliche Fähigkeiten nachahmen, tief in unserer Kultur verankert ist.

Ein bedeutender Meilenstein in der Geschichte der KI kam jedoch viel später, im 20. Jahrhundert. In den 1940er Jahren legte der britische Mathematiker und Logiker Alan Turing die theoretischen Grundlagen für das, was später zur künstlichen Intelligenz werden sollte. Sein berühmter Turing-Test aus dem Jahr 1950 stellte die Frage, ob eine Maschine menschliches Verhalten so gut nachahmen kann, dass ein menschlicher Beobachter nicht mehr zwischen Mensch und Maschine unterscheiden kann. Diese Idee war revolutionär und legte den Grundstein für viele zukünftige Entwicklungen.

Die Geburtsstunde der modernen KI wird oft auf das Jahr 1956 datiert, als der Begriff „künstliche Intelligenz" auf der Dartmouth Conference geprägt wurde. Diese Konferenz, organisiert von den Wissenschaftlern John McCarthy, Marvin Minsky, Nathaniel Rochester und Claude Shannon, brachte Forscher zusammen, die das gemeinsame Ziel hatten, Maschinen zu entwickeln, die intelligent handeln können. In den folgenden Jahren entstanden die ersten Programme, die einfache Probleme lösen und Schach spielen konnten, wie etwa das berühmte Schachprogramm von Arthur Samuel.

Die 1960er und 1970er Jahre waren eine Zeit des großen Optimismus für die KI-Forschung. Es entstanden Expertensysteme, die in der Lage waren, spezifisches Wissen in Bereichen wie Medizin oder Geologie anzuwenden. Diese Systeme verwendeten Regeln, die von menschlichen Experten erstellt wurden, um Schlussfolgerungen zu ziehen und Probleme zu lösen. Ein bekanntes Beispiel aus dieser Zeit ist das medizinische Diagnosesystem MYCIN, das erfolgreich bei der Diagnose bakterieller Infektionen eingesetzt wurde.

Doch in den 1970er und 1980er Jahren erlebte die KI-Forschung auch ihre ersten Rückschläge. Trotz der anfänglichen Erfolge wurde klar, dass viele der damaligen Ansätze nicht in der Lage waren, die Komplexität und Vielfalt menschlicher Intelligenz wirklich zu erfassen. Diese Zeit wird oft als „KI-Winter" bezeichnet, da die Finanzierung und das Interesse an der KI-Forschung stark zurückgingen.

Ein neuer Aufschwung kam in den 1980er und 1990er Jahren mit der Entwicklung des maschinellen Lernens. Anstatt Maschinen explizit zu programmieren, begannen Forscher, Algorithmen zu entwickeln, die aus Daten lernen konnten. Ein wichtiger Durchbruch war die Einführung neuronaler Netze, die lose nach dem menschlichen Gehirn modelliert sind. Diese Netzwerke, die in Schichten organisiert sind, ermöglichten es Maschinen, komplexe Muster in großen Datenmengen zu erkennen und zu verarbeiten. Aber dazu später mehr.

Die 2000er Jahre brachten dann den endgültigen Durchbruch für die KI mit sich, insbesondere durch die Fortschritte im Bereich des Deep Learnings. Dank der Verfügbarkeit großer Datenmengen und der enormen Rechenleistung moderner Computer konnten tiefe neuronale Netze trainiert werden, die in vielen Bereichen beeindruckende Ergebnisse erzielten. Anwendungen wie Spracherkennung, Bildverarbeitung und selbstfahrende Autos wurden Realität.

Ein bemerkenswertes Beispiel für die Leistungsfähigkeit moderner KI ist das Programm AlphaGo von DeepMind. Im Jahr 2016 gelang es AlphaGo, den weltbesten Go-Spieler zu schlagen – ein Spiel (vor allem beliebt in Ostasien), das aufgrund seiner Komplexität lange als zu schwierig für Computer galt. Dieser Erfolg zeigte eindrucksvoll, wie weit die KI-Forschung gekommen war.

Heute ist künstliche Intelligenz aus unserem Alltag nicht mehr wegzudenken. Ich rede nicht nur von ChatGPT. Die Bandbreite geht von den bereits genannten Tools wie Siri (natürlich auch Alexa) über personalisierte Empfehlungen auf Streaming-Plattformen wie Netflix und Co. bis hin zu medizinischen Diagnosesystemen – KI hat in vielen Bereichen Einzug gehalten und macht unser Leben einfacher und effizienter. Ist doch praktisch, oder?

Schritt 1:

Beschrifte den Zeitstrahl mit deiner Meinung nach wichtigen Ereignissen in der Geschichte der Künstlichen Intelligenz.

„Ich denke, dass es in etwa 50 Jahren möglich sein wird, einen Computer zu bauen, der so intelligent ist ein Mensch.“

– Alan Turing, 1950

Hey Siri, wie macht der Fuchs?

Du wachst morgens auf und dein Smartphone weckt dich sanft mit einer freundlichen Stimme. Das ist die erste Anwendung von KI an diesem Tag, die es deinem Telefon ermöglicht, auf deine Befehle zu reagieren. Du fragst deinen Sprachassistenten nach dem Wetter, dem Verkehr auf dem Weg zur Arbeit und den Terminen des Tages. Dank KI kann das Telefon deine Fragen verstehen und relevante Informationen liefern.

Auf dem Weg zur Arbeit, zur Schule oder zur Uni nutzt du vielleicht eine Navigations-App, die dir den schnellsten Weg durch den Verkehr zeigt. Diese Apps verwenden komplexe Algorithmen, die auf maschinellem Lernen basieren, um Echtzeit-Verkehrsdaten zu analysieren und dir die beste Route vorzuschlagen. So kommst du schneller und stressfreier an dein Ziel.

In vielen Unternehmen werden KI-gestützte Systeme zur Verbesserung der Effizienz und Produktivität eingesetzt. Zum Beispiel können Chatbots auf Websites Kundenanfragen in Echtzeit beantworten, ohne dass menschliche Mitarbeiter eingreifen müssen. Diese Chatbots verwenden natürliche Sprachverarbeitungsalgorithmen, um die Anfragen zu verstehen und entsprechend zu reagieren.

Auch in der Medizin hat KI einen großen Einfluss. Bilderkennungssoftware kann zum Beispiel bei der Diagnose von Krankheiten helfen, indem sie medizinische Bilder analysiert und Anomalien erkennt. So können Ärzte schneller und genauer arbeiten, was letztendlich den Patienten zugutekommt.

Im Bereich des Online-Shoppings verwenden viele Unternehmen KI, um personalisierte Empfehlungen zu geben. Basierend auf deinen bisherigen Einkäufen und dem Verhalten anderer Kunden schlägt die Website Produkte vor, die dich interessieren könnten. Das macht das Einkaufen nicht nur bequemer, sondern kann auch dazu beitragen, dass du Produkte entdeckst, die du sonst vielleicht übersehen hättest.

Auch in der Unterhaltungsindustrie spielt KI eine große Rolle. Wie bereits erwähnt verwenden Streaming-Dienste wie Netflix Algorithmen, um dir Filme und Serien vorzuschlagen, die deinen Vorlieben entsprechen. Dadurch kannst du mehr Zeit mit dem Anschauen von Inhalten verbringen, die dich wirklich interessieren, anstatt stundenlang nach etwas Passendem zu suchen.

Schritt 2:
Notiere Beispiele für Anwendungen von KI, die du in deinem Alltag nutzt.

_____

_____

_____

_____

_____

Verlieren wir unsere Jobs?

Zunächst einmal, was sind eigentlich die Chancen, die KI uns bietet? Einer der größten Vorteile ist sicherlich die Effizienzsteigerung. KI-Systeme können riesige Datenmengen in kurzer Zeit analysieren und dabei Muster erkennen, die für Menschen schwer zu entdecken wären. Dies kann in vielen Bereichen hilfreich sein, zum Beispiel in der Medizin. Durch den Einsatz von KI können Krankheiten schneller und genauer diagnostiziert werden, indem medizinische Bilder analysiert oder Patientenakten durchforstet werden. Dies führt nicht nur zu besseren Behandlungsergebnissen, sondern kann auch Leben retten.

Ein weiteres Beispiel ist die Automatisierung von Routineaufgaben. In vielen Berufen gibt es repetitive Tätigkeiten, die viel Zeit in Anspruch nehmen. KI kann diese Aufgaben übernehmen, sodass Menschen sich auf kreativere und anspruchsvollere Arbeiten konzentrieren können. Denken wir nur an die Produktion in Fabriken, wo Roboter bereits viele Aufgaben schneller und präziser erledigen als Menschen es könnten. Aber auch im Büroalltag kann KI helfen, indem sie Termine verwaltet, E-Mails sortiert oder Berichte erstellt.

Doch neben diesen großen Chancen gibt es auch Herausforderungen, die wir nicht ignorieren dürfen. Eine der größten Sorgen im Zusammenhang mit KI ist der **Arbeitsplatzverlust**. Wenn Maschinen und Algorithmen Aufgaben übernehmen, die bisher von Menschen erledigt wurden, stellt sich die Frage, was mit diesen Arbeitsplätzen passiert. Viele Menschen haben Angst, dass sie durch KI ersetzt werden und ihre Jobs verlieren könnten. Es ist daher wichtig, dass wir Strategien entwickeln, um diese Übergänge zu begleiten und sicherzustellen, dass niemand zurückgelassen wird. Dazu gehört auch, neue Bildungs- und Trainingsmöglichkeiten zu schaffen, damit Menschen sich weiterbilden und an die neuen Anforderungen anpassen können.

Ein weiteres Problem ist die Datensicherheit. KI-Systeme benötigen große Mengen an Daten, um effektiv arbeiten zu können. Diese Daten müssen jedoch sicher und geschützt sein, um Missbrauch und Datenschutzverletzungen zu verhindern. Wir müssen also robuste Sicherheitsmaßnahmen entwickeln, um sicherzustellen, dass persönliche und sensible Informationen nicht in die falschen Hände geraten.

Auch die ethischen Fragen dürfen nicht vergessen werden. KI-Systeme treffen Entscheidungen auf Basis der Daten, mit denen sie gefüttert werden. Wenn diese Daten voreingenommen sind, kann dies zu unfairen oder diskriminierenden Ergebnissen führen. Ein bekanntes Beispiel ist die Gesichtserkennungstechnologie, die bei Menschen mit dunklerer Hautfarbe oft weniger genau ist. Es ist daher entscheidend, dass wir bei der Entwicklung und dem Einsatz von KI stets ethische Prinzipien berücksichtigen und sicherstellen, dass diese Technologien gerecht und transparent sind.

Ein weiterer wichtiger Punkt ist die Verantwortung. Wenn eine KI eine Entscheidung trifft, die negative Konsequenzen hat, wer ist dann verantwortlich? Der Entwickler, der

Betreiber oder die Maschine selbst? Diese Fragen sind noch nicht vollständig geklärt und erfordern eine intensive Auseinandersetzung, um rechtliche und moralische Rahmenbedingungen zu schaffen.

Trotz dieser Herausforderungen sollte man nicht vergessen, dass KI auch enorme Chancen bietet. Sie kann unser Leben in vielerlei Hinsicht verbessern und viele Probleme lösen, die bisher unlösbar schienen. Es liegt an uns, diese Technologie verantwortungsvoll und umsichtig zu nutzen, um ihre Vorteile voll auszuschöpfen und gleichzeitig die Risiken zu minimieren.

Schritt 3:
Durch KI können neue Arbeitsmöglichkeiten entstehen. Überlege dir, welche Arten von Jobs durch KI gefährdet sein können und notiere sie.

_____

_____

_____

_____

GOSHOS

GRUNDLAGEN DER KI

Im ersten Abschnitt dieses Kapitels erkunden wir gemeinsam die wichtigsten Grundbegriffe der künstlichen Intelligenz und definieren sie.

1. Künstliche Intelligenz (KI)

Fangen wir an mit KI. Künstliche Intelligenz ist der Überbegriff für Technologien, die es Computern und Maschinen ermöglichen, Aufgaben zu erledigen, die normalerweise menschliche Intelligenz erfordern. Dazu gehören das Lernen aus Erfahrungen, das Verstehen natürlicher Sprache, das Erkennen von Mustern und das Treffen von Entscheidungen. KI ist in vielen Bereichen unseres Lebens präsent, von Sprachassistenten auf unseren Smartphones bis hin zu selbstfahrenden Autos.

2. Maschinelles Lernen (ML)

Maschinelles Lernen ist ein Teilgebiet der KI. Es geht darum, dass Computer aus Daten lernen können, ohne explizit programmiert zu werden. Anstatt jeden Schritt genau vorzuschreiben, wird der Computer mit einer großen Menge an Daten gefüttert, aus denen er Muster und Zusammenhänge erkennt. Ein einfaches Beispiel ist ein Spam-Filter für E-Mails. Das System wird mit einer großen Anzahl von E-Mails trainiert, die als „Spam" oder „Nicht-Spam" gekennzeichnet sind, und lernt so, welche Merkmale typisch für Spam sind.

3. Neuronale Netze

Neuronale Netze sind inspiriert von der Funktionsweise des menschlichen Gehirns. Sie bestehen aus vielen verbundenen Einheiten, den sogenannten Neuronen, die in Schichten angeordnet sind. Diese Netze können komplexe Muster in Daten erkennen. Ein neuronales Netz kann beispielsweise trainiert werden, um Bilder von Katzen und Hunden zu unterscheiden. Es lernt, indem es viele Bilder analysiert und die charakteristischen Merkmale von Katzen und Hunden identifiziert.

4. Deep Learning

Deep Learning ist eine spezielle Form des maschinellen Lernens, die auf tiefen neuronalen Netzen basiert. Diese Netze haben viele Schichten, die es ihnen ermöglichen, sehr komplexe Datenstrukturen zu erkennen. Deep Learning wird in vielen modernen Anwendungen verwendet, wie Sprach- und Bilderkennung. Ein Beispiel ist die Fähigkeit von Smartphones, Gesichter in Fotos zu erkennen und zu sortieren.

5. Algorithmen

Ein Algorithmus ist eine Schritt-für-Schritt-Anleitung zur Lösung eines Problems. In der KI werden Algorithmen verwendet, um Daten zu analysieren und Muster zu erkennen. Es gibt viele verschiedene Arten von Algorithmen, die für unterschiedliche Aufgaben geeignet sind. Zum Beispiel wird ein Entscheidungsbaum-Algorithmus verwendet, um Entscheidungen basierend auf bestimmten Kriterien zu treffen, ähnlich wie ein Mensch, der eine Reihe von Ja-oder-Nein-Fragen beantwortet.

6. Daten

Daten sind die Grundlage für maschinelles Lernen und viele andere KI-Technologien. Ohne Daten können Maschinen nicht lernen. Daten können in vielen Formen vorliegen, von Zahlen und Texten bis hin zu Bildern und Videos. Die Qualität und Menge der Daten, die zum Trainieren eines KI-Modells verwendet werden, sind entscheidend für dessen Leistungsfähigkeit. Mehr Daten führen in der Regel zu besseren Ergebnissen, da das Modell mehr Beispiele hat, aus denen es lernen kann.

7. Training und Testen

Beim maschinellen Lernen wird ein Modell zunächst mit einem „Trainingsdatensatz" trainiert, das heißt, es lernt aus bekannten Daten. Anschließend wird das Modell mit einem „Testdatensatz" getestet, um zu sehen, wie gut es mit neuen, unbekannten Daten funktioniert. Dieses Testen ist wichtig, um sicherzustellen, dass das Modell nicht nur die Trainingsdaten auswendig gelernt hat, sondern auch generalisieren kann, also auf neue Daten richtig reagiert.

8. Überanpassung (Overfitting)

Überanpassung tritt auf, wenn ein Modell zu gut an die Trainingsdaten angepasst ist und die spezifischen Details und Ausreißer in diesen Daten gelernt hat, anstatt die allgemeinen

Muster. Ein überangepasstes Modell funktioniert gut mit den Trainingsdaten, aber schlecht mit neuen Daten. Es ist wie ein Schüler, der alle Fragen auswendig gelernt hat, die in einer Übungsprüfung gestellt wurden, aber die Prinzipien nicht wirklich verstanden hat und deshalb in der eigentlichen Prüfung Probleme hat.

9. KI-Ethik

Wir befassen uns auch mit KI-Ethik. KI-Ethik befasst sich mit den moralischen und gesellschaftlichen Implikationen der Entwicklung und Nutzung von KI. Es gibt viele ethische Fragen zu bedenken, wie zum Beispiel: Wie stellen wir sicher, dass KI-Systeme fair und unvoreingenommen sind? Wer ist verantwortlich, wenn eine KI eine Fehlentscheidung trifft? Und wie schützen wir die Privatsphäre der Menschen in einer Welt, in der Daten eine zentrale Rolle spielen?

Schritt 4:
Verbinde die folgenden Begriffe der Künstlichen Intelligenz mit den entsprechenden Beschreibungen.

Algorithmen

Schritt-für-Schritt-Anleitung
zur Lösung eines Problems.

Maschinelles Lernen

Überbegriff für Technologien, die
Computern das Lernen ermöglichen.

Deep Learning

Künstliche Intelligenz

Teilgebiet der KI, bei dem
Computer aus Daten lernen.

Inspiriert von der Funktionsweise
des menschlichen Gehirns.

Grundlage für maschinelles Lernen.

Daten

Roboter-Katzen

Wie funktioniert eigentlich Machine Learning genau? Machine Learning – wenn man es nicht kennt, klingt es vielleicht ein bisschen nach Science-Fiction oder etwas, das nur in High-Tech-Laboren passiert. Aber tatsächlich ist es ein faszinierendes und immer präsenteres Gebiet, das bereits jetzt in vielen Bereichen unseres Alltags Einzug gehalten hat.

Stell dir vor, du hast eine kleine Roboterkatze, nennen wir sie Robi. Robi ist sehr neugierig und will alles über die Welt um sich herum lernen. Anstatt ihr jede einzelne Sache beizubringen (was ziemlich mühsam wäre), geben wir ihr die Fähigkeit, selbst zu lernen, indem sie Daten analysiert. Das ist im Grunde genommen, was maschinelles Lernen ist: Computern beibringen, aus Daten zu lernen und eigene Schlüsse zu ziehen. So können sie Dinge tun, die normalerweise menschliche Intelligenz erfordern, wie Bilder erkennen, Sprache verstehen oder sogar Vorhersagen treffen.

Machine Learning oder Maschinelles Lernen ist wie ein Computer, der vor einem Labyrinth aus Daten steht. Diese Daten sind wie die Gänge und Abzweigungen im Labyrinth – voller Informationen, aber ohne klare Anleitung, was damit anzufangen ist. Der Computer muss lernen, sich durch dieses Labyrinth zu navigieren und dabei Muster zu erkennen.

Jetzt kommt der spaßige Teil: Der Computer ist wie Robi, die sich durch das Labyrinth schleicht. Mit jeder Ecke, die sie umrundet, lernt sie etwas Neues über die Daten. Vielleicht erkennt sie ein Muster in den Zahlen oder findet eine Verbindung zwischen Bildern. Und jedes Mal, wenn sie eine neue Entdeckung macht, wird es klüger und schneller im Finden des Ausgangs aus dem Labyrinth.

Aber wie findet Robi den Ausgang? Nun, das ist die Magie des maschinellen Lernens! Sie verwendet verschiedene Tricks und Techniken, um das Labyrinth zu durchqueren. Manchmal folgt sie einem vorgegebenen Weg, manchmal erkundet sie auf eigene Faust und manchmal bekommt es Belohnungen für gute Entscheidungen - also Leckerlis.

Schritt 5:
Hilf Robi aus dem Labyrinth.

Robi

Wer will Obst?

Schauen wir uns Arten des maschinellen Lernens an. Nehmen wir an, du bist ein Lehrer in einer großen Klasse voller neugieriger Schülerinnen und Schüler. Deine Aufgabe ist es, ihnen beizubringen, wie man Obst erkennt. Nun, es gibt zwei Möglichkeiten, wie du das machen könntest. Im Kontext von Machine Learning spricht man von **überwachtem** und **unüberwachtem** Lernen.

Beim überwachten Lernen würdest du jedem Schüler ein Stück Obst geben und ihnen sagen, was es ist. "Das hier ist ein Apfel, das ist eine Banane, das ist eine Orange", würdest du erklären, während die Schüler genau zuhören und die Namen mit den Früchten verknüpfen. Mit der Zeit werden sie lernen, die Früchte anhand ihrer Merkmale zu erkennen, und können sogar neue Früchte identifizieren, die sie noch nie zuvor gesehen haben.

Auf der anderen Seite steht das unüberwachte Lernen, das ein bisschen wie eine Schatzsuche ist. Diesmal gibst du den Schülern einfach eine Kiste mit verschiedenen Früchten, ohne ihnen zu sagen, was was ist. Die Schüler würden dann beginnen, die Früchte zu untersuchen, Gemeinsamkeiten und

Unterschiede zu erkennen und sie auf eigene Faust zu kategorisieren. Vielleicht würden sie feststellen, dass einige Früchte rund sind und andere länglich, oder dass einige grün sind und andere gelb. Am Ende könnten sie auf eigene Faust herausfinden, welche Früchte zu welcher Kategorie gehören.

Überwachtes und unüberwachtes Lernen haben also beide ihre Vor- und Nachteile. Das überwachte Lernen ist strukturierter und ermöglicht es den Schülern, schneller und präziser zu lernen, während das unüberwachte Lernen explorativer ist und den Schülern mehr Freiheit gibt, die Welt um sie herum auf eigene Faust zu erkunden.

In der Welt des maschinellen Lernens funktioniert es ähnlich. Beim überwachten Lernen werden dem Computer Beispiele mit den richtigen Antworten gegeben, während beim unüberwachten Lernen der Computer die Daten auf eigene Faust erkunden und Muster erkennen muss.

Merk dir: Karteikarten lernen vs. Schatzsuche

Schritt 6:
Beantworte die Fragen.

A. Was ist ein Hauptunterschied zwischen überwachtem und unüberwachtem Lernen?

O Überwachtes Lernen erfordert keine Beispiele.
O Unüberwachtes Lernen erfordert keine vorgegebenen Antworten.
O Überwachtes Lernen wird nur für Computer verwendet.
O Unüberwachtes Lernen wird nur für Menschen verwendet.

B. Welche Aussage trifft auf überwachtes Lernen zu?

O Der Computer muss die Daten auf eigene Faust erkunden.
O Beispiele mit den richtigen Antworten werden dem Computer gegeben.
O Es gibt keine klare Struktur oder Anleitung.
O Der Computer muss Belohnungen erhalten, um zu lernen.

C. Welche Art des Lernens erfordert eine klare Struktur oder Anleitung?

O Überwachtes Lernen
O Unüberwachtes Lernen
O Bestärkendes Lernen
O Neuronale Netze

Hast du ein Superhirn?

Selbst wenn nicht. Nehmen wir es einfach an. Ein Superhirn, das wie ein Netzwerk von Neuronen funktioniert - genau wie im Gehirn, aber in einer Computer-Version. Diese künstlichen Neuronennetze sind schlau und können Dinge lernen, indem sie riesige Mengen an Daten analysieren.

Hier ist eine einfache Einführung in neuronale Netze: Stell dir vor, du möchtest deinem Superhirn beibringen, wie man Hunde von Katzen unterscheidet. Du gibst ihm eine Menge Bilder von Hunden und Katzen und sagst ihm: "Hey, schau dir diese Bilder an und lerne, wie Hunde aussehen." Dein Superhirn wird dann die Bilder analysieren und Muster erkennen. Es wird feststellen, dass Hunde oft eine Schnauze haben und dass Katzen manchmal Streifen haben. Mit der Zeit wird es klug genug sein, um neue Bilder zu sehen und selbst zu entscheiden, ob es sich um einen Hund oder eine Katze handelt.

Aber wie funktioniert das? Nun, dein Superhirn besteht aus vielen kleinen künstlichen Neuronen, die miteinander verbunden sind. Jedes Neuron nimmt Informationen auf, verarbeitet sie und gibt sie an andere Neuronen weiter. Wenn genügend Neuronen gemeinsam arbeiten, können sie komplexe Aufgaben lösen, wie zum Beispiel das Unterscheiden von Hunden und Katzen.

Die Magie der neuronalen Netze liegt in ihrem Training. Indem du deinem Superhirn viele Beispiele gibst und ihm sagst, welche die richtigen Antworten sind, wird es immer besser darin, die richtigen Entscheidungen zu treffen. Das ist wie das Training von Robi - je mehr Übung sie bekommt, desto besser wird sie.

Neuronale Netze sind überall um uns herum. Sie helfen dabei, Spam-E-Mails zu filtern, Spracherkennung zu verbessern, medizinische Diagnosen zu stellen und auch die Autos selbstständig fahren zu lassen.

Schritt 7:
Stelle ein vereinfachtes neuronales Netz dar.

- Verbinde jedes Neuron der Eingabeschicht mit jedem Neuron der verborgenen Schicht.

- Verbinde dann jedes Neuron der verborgenen Schicht mit jedem Neuron der Ausgabeschicht.

Eingabeschicht	verborgene Schicht	Ausgabeschicht

WERKZEUGE UND TECHNOLOGIEN

Wenn du gerade erst anfängst, dich mit künstlicher Intelligenz zu beschäftigen, wirst du schnell feststellen, dass Python die perfekte Programmiersprache für einen verständnisvollen Einstieg ist. Aber warum ist Python so wichtig für das Verständnis von KI? Lass uns das gemeinsam herausfinden.

Was ist Python?
Python ist eine weit verbreitete, vielseitige Programmiersprache, die für ihre einfache und leicht verständliche Syntax bekannt ist. Sie wurde in den späten 1980er Jahren von Guido van Rossum entwickelt und hat sich seitdem zu einer der beliebtesten Programmiersprachen der Welt entwickelt.

Ein einfaches Beispiel für Python-Code ist:

```
print(„Hallo, Welt!")
```

Dieser kleine Code-Schnipsel zeigt dir, wie einfach es ist, in Python zu programmieren. Wenn dieser Code ausgeführt wird, wird der Text „Hallo, Welt!" auf dem Bildschirm angezeigt.

Warum Python?

Es gibt viele Gründe, warum Python eine ausgezeichnete Wahl für Anfänger und für die Arbeit mit KI ist:

- Einfach: Die Syntax von Python ist klar und lesbar.

- Große Gemeinschaft und Unterstützung: Python hat eine riesige und aktive Gemeinschaft.

- Leistungsfähige Bibliotheken: Eine der größten Stärken von Python ist die Verfügbarkeit von vorgefertigten Funktionen, die speziell für Datenwissenschaft und KI entwickelt wurden.

Schritt 8:

Was gibt dieser Code beim Ausführen aus?

```
print(„Ich lerne KI.")
```

Ausgabe: _____

Wie sieht dein Traumhaus aus?

Du baust nun ein Haus. Du könntest jedes einzelne Stück Holz selbst schneiden und jede Schraube einzeln eindrehen, oder du könntest vorgefertigte Teile und Werkzeuge verwenden, die dir die Arbeit erleichtern. Bibliotheken und Frameworks sind wie diese vorgefertigten Teile und Werkzeuge in der Programmierung. Sie bestehen aus vordefinierten Funktionen und Klassen, die du in deinem Code verwenden kannst, um bestimmte Aufgaben zu erledigen, ohne alles von Grund auf neu schreiben zu müssen.

Bibliotheken: Eine Bibliothek ist eine Sammlung von Funktionen und Methoden, die für eine spezifische Aufgabe entwickelt wurden. Wenn du eine Bibliothek in deinem Projekt verwendest, kannst du ihre Funktionen aufrufen, um bestimmte Aufgaben zu erledigen.

Frameworks: Ein Framework ist eine größere Struktur, die dir nicht nur Funktionen bietet, sondern auch eine bestimmte Art und Weise vorgibt, wie du dein Projekt organisierst und entwickelst. Es ist wie ein Gerüst, das dir hilft, ein großes und komplexes Projekt systematisch anzugehen.

Künstliche Intelligenz und maschinelles Lernen (ML) sind komplexe Felder, die oft umfangreiche mathematische Berechnungen und Datenverarbeitung erfordern. Bibliotheken und Frameworks helfen dabei, diese Komplexität zu reduzieren, indem sie vordefinierte Werkzeuge und Funktionen bereitstellen, die du in deinen Projekten verwenden kannst.

Lass uns einige der wichtigsten Bibliotheken und Frameworks kennenlernen, die in Python für KI verwendet werden. **Keine Sorge**, wir werden kein Programmierkurs starten, sondern uns nur einen kurzen Einblick verschaffen.

1. Arbeiten mit Zahlen

NumPy ist eine grundlegende Bibliothek für wissenschaftliche Berechnungen in Python. Sie bietet Unterstützung für große, mehrdimensionale Arrays und Matrizen sowie eine Vielzahl von mathematischen Funktionen, um diese zu manipulieren.

Ein einfaches Beispiel:

```
import numpy as np

# Erstellen eines Arrays
array = np.array([1, 2, 3, 4, 5])
print(array)

# Berechnung des Durchschnitts
print(np.mean(array))  # Ausgabe: 3.0
```

2. Daten einfach verwalten

Pandas ist eine leistungsstarke Bibliothek für die Datenmanipulation und -analyse. Sie ermöglicht es, Daten in Tabellenform zu laden, zu analysieren und zu bearbeiten.

Ein weiteres einfaches Beispiel:

```
-------------------------------------------------------------------------
import pandas as pd

# Erstellen eines DataFrames
data = {
    "Name": ["Alice", "Bob", "Charlie"],
    "Alter": [25, 30, 35],
    "Beruf": ["Ingenieur", "Doktor", "Lehrer"] }

df = pd.DataFrame(data)

print(df) # Anzeigen des DataFrames
-------------------------------------------------------------------------
```

3. Maschinelles Lernen leicht gemacht

Scikit-Learn ist eine Bibliothek, die speziell für maschinelles Lernen entwickelt wurde. Sie bietet einfache und effiziente Werkzeuge.

So könnte das Ganze in der Praxis aussehen:

```
from sklearn.datasets import load_iris
from sklearn.model_selection import train_test_split
from sklearn.ensemble import RandomForestClassifier
from sklearn.metrics import accuracy_score

# Laden des Iris-Datensatzes
data = load_iris()
X = data.data
y = data.target

# Aufteilen der Daten in Trainings- und Testdaten
X_train, X_test, y_train, y_test = train_test_split(X, y,
test_size=0.2, random_state=42)

# Erstellen und Trainieren des Modells
model = RandomForestClassifier()
model.fit(X_train, y_train)

# Vorhersagen treffen
predictions = model.predict(X_test)

# Genauigkeit des Modells überprüfen
accuracy = accuracy_score(y_test, predictions)
print(f"Genauigkeit: {accuracy}")
```

---

4. Tiefe neuronale Netze

TensorFlow und PyTorch sind zwei der bekanntesten Frameworks für tiefe neuronale Netze. Sie bieten umfangreiche Werkzeuge und Funktionen, um komplexe KI-Modelle zu erstellen, zu trainieren und zu testen.

Damit man es mal gesehen hat. Hier ein Beispiel mit TensorFlow:

```python
import tensorflow as tf

# Erstellen eines einfachen neuronalen Netzes
model = tf.keras.models.Sequential([
    tf.keras.layers.Dense(128, activation='relu'),
    tf.keras.layers.Dense(10, activation='softmax')
])

# Kompilieren des Modells
model.compile(optimizer='adam',
loss='sparse_categorical_crossentropy', metrics=['accuracy'])

# Trainieren des Modells mit Dummy-Daten
model.fit(X_train, y_train, epochs=5)

# Evaluieren des Modells
loss, accuracy = model.evaluate(X_test, y_test)
print(f"Genauigkeit: {accuracy}")
```

Die Quellcodes werfen für die meisten Leser wahrscheinlich noch Fragezeichen auf. Komm am Ende des Buches nochmal an diese Stelle zurück und du wirst einige Konzepte und Schlüsselwörter wiedererkennen und dann fühlst du dich, wie ein Experte.

Schritt 9:
Schreibe hinter jedes Python-Modul Stichworte über ihre Funktionalität.

NumPy:

_____

Pandas:

_____

Scikit-Learn:

_____

TensorFlow:

_____

PyTorch:

_____

Exkurs: Wir analysieren Sprache

Wenn du dich jemals gefragt hast, wie dein Smartphone verstcht, was du in eine Suchmaschine eintippst, oder wie Sprachassistenten wie Siri und Alexa auf deine Fragen antworten können, dann ist die Antwort darauf: Natural Language Processing. NLP ist das Teilgebiet der künstlichen Intelligenz, welches sich mit der Interaktion zwischen Computern und menschlicher Sprache beschäftigt.

Natural Language Processing, kurz NLP, ist ein Bereich der künstlichen Intelligenz, der Maschinen die Fähigkeit verleiht, menschliche Sprache zu verstehen, zu interpretieren und darauf zu reagieren. Das Ziel von NLP ist es, natürliche Sprache so zu verarbeiten, dass Maschinen sie auf eine Weise verstehen können, die der menschlichen Kommunikation ähnlich ist.

Um dies zu erreichen, kombiniert NLP Methoden aus der Linguistik (Sprachwissenschaft) und der Informatik. Es umfasst eine Vielzahl von Aufgaben, darunter:

Spracherkennung: Das Umwandeln von gesprochener Sprache in Text.

Sprachsynthese: Das Generieren von gesprochener Sprache aus Text.

Textanalyse: Das Extrahieren von Bedeutungen und Informationen aus Texten.

Übersetzung: Das Übersetzen von Texten oder Sprache von einer Sprache in eine andere.

NLP besteht aus mehreren Schritten, die zusammenarbeiten, um Sprache zu verstehen und zu verarbeiten. Hier sind die wichtigsten Schritte im NLP-Prozess:

1. Zerlegen eines Textes in kleinere Einheiten wie Wörter oder Sätze. Zum Beispiel wird der Satz "Hallo, wie geht es dir?" in die Tokens ["Hallo", ",", "wie", "geht", "es", "dir", "?"] zerlegt.

2. Bestimmen der grammatikalischen Kategorie jedes Tokens (z.B. Substantiv, Verb, Adjektiv). Zum Beispiel könnte "geht" als Verb und "dir" als Pronomen gekennzeichnet werden.

3. Reduzieren von Wörtern auf ihre Grundform. Zum Beispiel wird "gegangen" zu "geh" (Sog. Stemming-Prozess) oder zu "gehen" (Prozess der sog. Lemmatisierung).

4. Erkennen und Klassifizieren von benannten Entitäten wie Personen, Orte, Organisationen usw. Zum Beispiel wird "Berlin" als Ort erkannt.

5. Analysieren der syntaktischen Struktur eines Satzes, um zu verstehen, wie die Wörter zusammenhängen.

6. Verstehen der Bedeutung des Textes, indem man den Kontext und die Beziehungen zwischen den Wörtern berücksichtigt.

NLP hat eine Vielzahl von Anwendungen, die unseren Alltag erleichtern und verbessern. Hier sind einige Beispiele:

Sprachassistenten wie Siri, Alexa und Google Assistant verwenden NLP, um gesprochene Befehle zu verstehen und darauf zu reagieren. Wenn du sagst: "Stell einen Wecker für 7 Uhr morgens", nutzt der Assistent NLP, um deine Anfrage zu verstehen und die entsprechende Aktion auszuführen.

Dienste wie Google Translate verwenden NLP, um Texte oder Sprache von einer Sprache in eine andere zu übersetzen. NLP hilft dabei, die Bedeutung des Ausgangstextes zu erfassen und in die Zielsprache zu übertragen.

Viele Unternehmen setzen Chatbots ein, um Kundenanfragen zu beantworten. Diese Chatbots verwenden NLP, um die Fragen der Kunden zu verstehen und passende Antworten zu geben.

NLP wird in der Textanalyse eingesetzt, um große Mengen an Textdaten zu durchsuchen und relevante Informationen zu extrahieren. Dies wird in Bereichen wie Sentiment-Analyse (z.B. das Erkennen von Stimmungen in Social Media Posts), Themenklassifikation und Spam-Erkennung verwendet.

Textverarbeitungsprogramme und Suchmaschinen verwenden NLP, um Rechtschreibfehler zu erkennen und Korrekturvorschläge zu machen.
Autovervollständigungsfunktionen helfen dir, schneller zu schreiben, indem sie Vorhersagen über die nächsten Wörter treffen.

Und vieles mehr.

Obwohl NLP erstaunliche Fortschritte gemacht hat, gibt es noch einige Herausforderungen, die es zu bewältigen gilt:

Sprache ist oft **mehrdeutig**, und Wörter oder Sätze können je nach Kontext unterschiedliche Bedeutungen haben. Zum Beispiel kann "Bank" sowohl eine Sitzgelegenheit als auch ein Finanzinstitut bedeuten.

Menschen nutzen oft den **Kontext**, um die Bedeutung von Sätzen zu verstehen. Maschinen haben Schwierigkeiten, diesen Kontext zu erfassen, insbesondere wenn er implizit ist.

Es gibt **Tausende von Sprachen** und Dialekten auf der Welt, und jede hat ihre eigenen Regeln und Nuancen. NLP-Systeme müssen an diese Vielfalt angepasst werden.

Sprache ist oft **unstrukturiert** und enthält viele Unregelmäßigkeiten wie Slang, Abkürzungen und Tippfehler, die es schwierig machen, sie automatisch zu verarbeiten. Checkste was ich mein digga?

Schritt 10:

Lies den folgenden Text und zerlege ihn in einzelne Wörter und Satzzeichen (Tokens). Schreibe hierzu alle Wörter und Satzzeichen auf, die du in dem Text findest. Zähle die Anzahl der Tokens.

Text:
"Hallo Welt! Das ist ein einfacher Test. NLP ist spannend!"

_____

_____

_____

Anzahl der Tokens: _____

Schritt 11:

Lies den folgenden Text und bestimme die Wortarten (Parts of Speech) der Wörter. Beispiele: Substantiv, Verb, Adjektiv.

Text:
"Das Wetter ist heute schön."

_____

_____

_____

_____

_____

Schritt 12:

Lies den folgenden Text und identifiziere die benannten Entitäten. Unterstreiche die benannten Entitäten im Text. Klassifiziere jede benannte Entität als Person, Ort oder Organisation.

Text:
"Angela Merkel war die Bundeskanzlerin von Deutschland."

_____

_____

Schritt 13:
Lies den folgenden Text und reduziere die Wörter auf ihre
Grundformen (Stemming und Lemmatisierung).

Text:
"Läufer laufen schnell."

_____

_____

_____

Schritt 14:
Lies den folgenden Text und bestimme, ob die Stimmung
(Sentiment) positiv, negativ oder neutral ist. Unterstreiche die
Wörter, die auf deine Antwort schließen lassen.

Text:
"Ich liebe Python Programmierung! Es macht so viel Spaß."

Stimmung: _____

Schritt 15:
Lies den folgenden Text und übersetze ihn ins Englische.

Text:
"Die Künstliche Intelligenz verändert die Welt."

_____

_____

Amazon, Google, Microsoft

In der heutigen Welt, in der unsere Smartphones schlauer sind als manche Politiker, spielt die Entwicklung von KI eine große Rolle. Mittlerweile haben wir smarte Kühlschränke, die wissen, wann das gekühlte Mineralwasser alle ist, bis zu virtuellen Assistenten, die uns freundlich an unseren Zahnarzttermin erinnern (und uns ein schlechtes Gewissen machen, wenn wir ihn mal wieder absagen) – Es ist einfach überall. Und ein Hauptgrund dafür sind die Online-Plattformen und Cloud-Dienste.

Online-Plattformen sind wie diese riesigen Shopping-Malls im Internet – du kannst alles finden, von Katzenvideos bis zu ernsthaften wissenschaftlichen Artikeln (oder beides, je nachdem, was du suchst). Diese Plattformen bieten alle möglichen Dienste und Werkzeuge an, die direkt über den Browser zugänglich sind.

Cloud-Dienste hingegen sind wie diese unsichtbaren Heinzelmännchen, die im Hintergrund arbeiten und dafür sorgen, dass deine Daten sicher gespeichert und deine Programme reibungslos ausgeführt werden. Anstatt dass du all diese teuren Server in deinem Wohnzimmer stapelst (was wirklich viel Platz für deine Gaming-Konsole wegnehmen würde), mietest du einfach etwas Rechenleistung bei großen Anbietern wie Amazon Web Services (AWS), Google Cloud Platform (GCP) oder Microsoft Azure.

Stell dir vor, du baust ein KI-Modell, das riesige Datenmengen verarbeiten muss – so groß wie die Zahl der Katzenfotos im Internet. Mit herkömmlicher Hardware wäre das, als würdest du versuchen, das Mittelmeer mit einem Teelöffel zu leeren. Cloud-Dienste bieten dir flexible Rechenressourcen, die du nach Bedarf hoch- oder runterskalieren kannst. Das bedeutet, du zahlst nur für das, was du tatsächlich nutzt – wie bei einem All-you-can-eat-

Buffet, nur ohne das schlechte Gewissen.

KI-Modelle sind hungrige kleine Monster, die jede Menge Rechenleistung verschlingen. Cloud-Anbieter bieten spezialisierte Hardware wie GPUs (Graphics Processing Units) und TPUs (Tensor Processing Units), die diesen unersättlichen Appetit stillen können. Es ist, als würdest du dein altes Fahrrad gegen einen superschnellen Sportwagen tauschen.

Die Cloud ermöglicht es dir, viele Daten zu speichern. Diese Daten können sicher und effizient verwaltet und abgerufen werden. Cloud-Dienste bieten auch Tools zur Datenanalyse und -verarbeitung, die den gesamten Workflow vereinfachen – quasi wie ein persönlicher Assistent, der dir immer den richtigen Stift reicht.

Viele Cloud-Anbieter stellen vorgefertigte KI-Dienste und APIs (Application Programming Interfaces) bzw. Schnittstellen bereit, die dir Zugang zu leistungsstarken KI-Tools bieten, ohne dass du ein Superhirn sein musst. Beispiele sind die Spracherkennung von Google Cloud, die Bilderkennung von Amazon Recognition und die Chatbot-Dienste von Microsoft Azure. Es ist, als ob du ein fertiges Lego-Set bekommst, anstatt tausend lose Steine. Wobei eigentlich macht doch das Bauen auch spaß. :-)

„Ich bin in dem Lager, das sich Sorgen macht, dass superintelligente KI irgendwann aus dem Ruder laufen könnte und uns kontrollieren könnte."

– Bill Gates

GOSHOS

DATENVERARBEITUNG UND -ANALYSE

Bevor wir loslegen, ein kleines Gedankenexperiment: Du möchtest ein neues Gericht kochen. Die Qualität der Zutaten bestimmt, wie gut das Essen schmeckt. Genauso ist es bei KI. Die Qualität der Daten, die du verwendest, bestimmt, wie gut deine KI-Anwendungen funktionieren. Daten sind die Grundlage, auf der alle KI-Modelle aufgebaut sind. Ohne gute Daten kann man kein gutes Modell erstellen – so einfach ist das.

Der Anfang: Daten sammeln
Beim Sammeln von Daten geht es darum, die richtigen Informationen für das Projekt zu finden. Das ist, als würdest du in einem Supermarkt nach den besten Zutaten für dein Rezept suchen.

Eine der primären Quellen sind interne Daten. Das sind die Daten, die man bereits besitzt. Daneben gibt es externe Daten, die von außerhalb stammen. Das können öffentliche Datenbanken sein, Forschungsergebnisse von Universitäten oder Daten, die von Geschäftspartnern bereitgestellt werden. Diese Daten können eine Vielzahl von Informationen enthalten, die für eine Analyse nützlich sein können, aber oft müssen sie erst gesammelt und möglicherweise aufbereitet werden, bevor sie verwendet werden können.

Ein weiterer Weg, um an Daten zu gelangen, ist das Web Scraping. Hierbei werden Daten von Websites gesammelt, indem spezielle Programme entwickelt werden, die die Websites nach bestimmten Informationen durchsuchen und diese extrahieren. Dies kann nützlich sein, um beispielsweise Preise, Bewertungen oder Nachrichten zu sammeln, die für deine Analyse relevant sind.

Viele Unternehmen bieten auch sogenannte Application Programming Interfaces an, über die du strukturierte Daten abrufen kannst. Diese APIs sind wie Schnittstellen zu den Datenbanken und Diensten der Unternehmen, die es ermöglichen, automatisiert auf die neuesten Informationen zuzugreifen. Dies kann besonders nützlich sein, wenn man aktuelle Informationen wie Wetterdaten, Finanzinformationen oder Aktienkurse benötigst.

Schließlich spielen Sensoren und das Internet der Dinge (IoT) eine immer wichtigere Rolle bei der Datenbeschaffung. In der heutigen vernetzten Welt sammeln Geräte wie Smartwatches, Sensoren oder Wetterstationen kontinuierlich Daten und senden sie über das Internet an zentrale Datenbanken oder Plattformen. Diese Daten können eine wertvolle Informationsquelle sein, um beispielsweise Verhaltensmuster zu analysieren oder Vorhersagen zu treffen.

Ganz wichtig: Achte immer darauf, dass du Daten legal und ethisch korrekt sammelst. Respektiere die Privatsphäre der Menschen und halte dich an Datenschutzgesetze. Stell dir vor, du sammelst Früchte – du solltest immer den Besitzer fragen, bevor du etwas pflückst.

Nachdem du deine Daten gesammelt hast, kommt der nächste wichtige Schritt: die Datenvorbereitung. Das ist ein bisschen wie das Vorbereiten der Zutaten für dein Rezept – du musst alles waschen, schneiden und richtig portionieren, bevor du mit dem Kochen beginnen kannst.

Fehlende Werte: Überprüfe, ob Werte fehlen. Fehlende Werte sind wie Löcher in deinem Rezept. Du kannst diese Lücken füllen, indem du Durchschnittswerte einsetzt oder sie einfach weglässt, wenn sie nicht wichtig sind.

Duplikate: Entferne doppelte Einträge. Das ist, als würdest du sicherstellen, dass du nicht versehentlich zweimal Salz in dein Gericht gibst.

Fehlerhafte Daten: Korrigiere offensichtliche Fehler. Das ist wie das Aussortieren von verdorbenem Gemüse.

Normalisierung und Standardisierung: Passe die Werte so an, dass sie auf einer ähnlichen Skala liegen. Stell dir vor, du schneidest alle Zutaten in gleich große Stücke, damit sie gleichmäßig garen.

Kategorische Daten: Wenn du Daten in Textform hast, wie z.B. "rot", "grün", "blau", musst du diese in numerische Formate umwandeln. Also beispielsweise 1 für "rot", 2 für "grün" und 3 für "blau". Das nennt man One-Hot-Encoding. Denk daran, wie du deine Zutaten in unterschiedliche Schalen sortierst.

Feature Engineering: Erstelle neue Merkmale aus vorhandenen Daten, die für dein Modell nützlich sein könnten. Das ist, als würdest du Gewürze hinzufügen, um den Geschmack zu verbessern.

Daten werden in Trainings- und Testdaten aufgeteilt. Man verwendet den Großteil der Daten, um ein Modell zu trainieren, und einen kleineren Teil, um es zu testen. Das ist wie ein Probelauf für dein Rezept, bevor du es deinen Gästen servierst.

Ein Beispiel aus dem Alltag bezüglich Datenverarbeitung. Angenommen, du möchtest vorhersagen, ob Kunden in deinem Online-Shop ein bestimmtes Produkt kaufen werden.

1. Du sammelst Daten über frühere Käufe, demografische Informationen der Kunden, ihr Browsing-Verhalten und ihre Interaktionen auf Social Media.

2. Du findest einige fehlende Werte bei den demografischen Informationen und entscheidest, diese mit Durchschnittswerten zu füllen. Du entdeckst auch doppelte Einträge, die du entfernst.

3. Du normalisierst die Browsing-Zeiten, damit sie alle auf der gleichen Skala liegen. Du wandelst die Kategoriedaten wie Geschlecht und Wohnort in numerische Werte um.

4. Du teilst die Daten in einen Trainingsdatensatz (80%) und einen Testdatensatz (20%).

Schritt 16:
Verbinde die folgenden Datenquellen (links) mit zugehörigen Beispielen (rechts).

Interne Daten	Temperaturdaten von IoT-Geräten
Externe Daten	Preise von Konkurrenzwebsites
Web Scraping	Eigene Verkaufsdaten
APIs	Marktforschungsberichte
Sensoren	Finanzdaten von Börsenschnittstelle

Schritt 17:
Schau dir den Datensatz auf der nachfolgenden Seite an und befolge diese Schritte:
1. Identifiziere die fehlenden Werte in dem Datensatz.
2. Entwickle eine Strategie, wie du die fehlenden Werte bereinigst (z.B. durch Durchschnittswerte ersetzen, Median verwenden, oder Zeilen entfernen).
3. Bereinige den Datensatz gemäß deiner Strategie.

Schritt 18:
Schau dir den Datensatz auf der nachfolgenden Seite an und befolge diese Schritte:
1. Finde die doppelten Einträge im Datensatz.
2. Entferne die doppelten Einträge, sodass nur noch eindeutige Datensätze übrigbleiben, indem du sie beispielsweise ausklammerst oder durchstreichst.

Schritt 19:

Schau dir den Datensatz unten an und befolge diese Schritte:
1. Suche nach offensichtlich fehlerhaften Werten (z.B. negative Kaufbeträge).
2. Entwickle eine Methode, um diese fehlerhaften Werte zu korrigieren (z.B. negative Werte durch den Median ersetzen).

Schritt 20:

Schau dir den Datensatz unten an und befolge diese Schritte:
1. Überprüfe, ob alle Werte im richtigen Format vorliegen (z.B. Einheitlichkeit bei Städtenamen, Zahlenformat bei Beträgen).
2. Standardisiere die Daten, sodass sie konsistent sind (z.B. alle Städtenamen in Kleinbuchstaben umwandeln, Zahlen auf zwei Dezimalstellen runden).

Übungsdatensatz für **Schritte 17 bis 20**

ID	Name	Alter	Stadt	Betrag	Zufriedenheit
1	Max Müller	29	München	150	5
2	Anna Meier	Leer	Berlin	200	4
3	Karl Schmidt	34	München	Leer	3
4	Petra Klein	42	Leer	350	2
5	Max Müller	29	München	150	5
6	Lisa Bauer	25	Hamburg	400	4
7	Tom Weber	37	Frankfurt	-50	1
8	Eva Fischer	Leer	Köln	180	Leer
9	Karl Schmidt	34	Stuttgart	500	5

"We are drowning in information but starved for knowledge."

- John Naisbitt

Pinselstrichte und Geschichten

Datenvisualisierung ist wie das Malen eines Bildes, das uns hilft, die verborgenen Muster und Zusammenhänge in Daten zu erkennen. Du bist ein Künstler und deine Leinwand sind Daten – mit den richtigen Pinselstrichen kannst du aus Zahlen und Fakten faszinierende Geschichten erzählen.

Es ist die Kunst, komplexe Daten auf eine anschauliche und verständliche Weise darzustellen. Anstatt stundenlang Tabellen und Zahlen zu studieren, können wir durch Visualisierungen auf einen Blick verstehen, was die Daten uns sagen wollen. Von einfachen Diagrammen bis hin zu interaktiven Grafiken gibt es viele Möglichkeiten, Daten visuell zu präsentieren.

Warum ist Datenvisualisierung wichtig?

Verständnis fördern: Visualisierungen helfen uns, komplexe Daten schnell zu erfassen und zu verstehen. Ein Bild sagt oft mehr als tausend Worte.

Muster erkennen: Durch Visualisierungen können wir Muster, Trends und Ausreißer in den Daten identifizieren, die in tabellarischer Form möglicherweise verborgen bleiben würden.

Überzeugend kommunizieren: Visualisierungen machen Daten für andere zugänglicher und überzeugender. Sie helfen dabei, unsere Erkenntnisse und Schlussfolgerungen effektiv zu präsentieren.

Entscheidungsfindung unterstützen: Gut gestaltete Visualisierungen können dabei helfen, fundierte Entscheidungen zu treffen, sei es in Unternehmen, Forschung oder persönlichen Angelegenheiten.

Säulen- und Balkendiagramme: Perfekt, um Vergleiche zwischen verschiedenen Kategorien zu zeigen.

Kreis- und Tortendiagramme: Zeigen prozentuale Anteile und Verteilungen.

Linien- und Flächendiagramme: Gut geeignet, um Trends über die Zeit darzustellen.

Histogramme: Zeigen die Verteilung von Datenpunkten in einem Intervall.

Scatterplots: Zeigen das Verhältnis zwischen zwei Variablen und mögliche Korrelationen.

Heatmaps: Stellen Daten in Form von Farben auf einer Matrix dar, um Muster zu zeigen.

Muster hinter Zahlen

Statistische Analysen helfen uns dabei, aus Daten Erkenntnisse zu gewinnen und fundierte Entscheidungen zu treffen. Stell dir vor, du bist ein Detektiv und die Daten sind deine Hinweise. Mit den richtigen statistischen Werkzeugen kannst du die verborgenen Muster aufdecken und die Geschichte hinter den Zahlen verstehen.

Einfache statistische Analysen

Mittelwert: Der Durchschnittswert einer Gruppe von Datenpunkten.

Median: Der mittlere Wert in einer sortierten Liste von Daten.

Modus: Der am häufigsten vorkommende Wert in einer Datenmenge.

Schritt 21:
Berechne den Mittelwert folgender Zahlen: [1, 2, 9, 7, 5, 3]

_____

_____

Schritt 22:
Ermittle den Median folgender Liste: [1, 3, 4, 4, 5, 9, 9]

Median: _____

Schritt 23:
Ermittle den Modus folgender Liste: [21, 23, 34, 21, 15, 23, 21]

Modus: _____

MASCHINELLES LERNEN FÜR ANFÄNGER

Fangen wir mit den grundlegenden Konzepten an.

Klassifikation.

Klassifikation ist ein spannendes Verfahren im maschinellen Lernen, bei dem es darum geht, Dinge in verschiedene **Kategorien** oder Gruppen einzuteilen. Ein einfaches Beispiel hierfür ist die Identifizierung von E-Mails als Spam oder Nicht-Spam. Das Ziel ist es, ein Modell zu entwickeln, das neue Datenpunkte anhand bekannter Merkmale in vordefinierte Klassen einordnet.

In der Klassifikation verwenden wir Trainingsdaten, die bereits beschriftet sind, das bedeutet, wir kennen die richtigen Klassen. Das Modell lernt aus diesen Daten und versucht, Muster zu erkennen, um zukünftige Daten zu klassifizieren. Sobald das Modell trainiert ist, kann es verwendet werden, um Vorhersagen für neue, nicht beschriftete Daten zu treffen.

Stell dir vor, du bist mit verschiedenen Früchten und ihren Eigenschaften vertraut. Zum Beispiel weißt du, dass rote und schwere Früchte Äpfel sind. Wenn du nun eine neue Frucht hast, die rot und schwer ist, könntest du sie aufgrund dieser Merkmale als Apfel identifizieren.

Regression.

Regression ist eine weitere faszinierende Methode im maschinellen Lernen, die dazu dient, zukünftige Werte basierend auf vergangenen Daten zu prognostizieren. Anders als bei der Klassifikation, wo es darum geht, Dinge zu kategorisieren, konzentriert sich die Regression darauf, numerische Werte **vorherzusagen**. Zum Beispiel könnte man anhand der Eigenschaften eines Hauses den Preis vorhersagen.

Das Regressionsmodell analysiert die Beziehung zwischen den Eingabemerkmale und den entsprechenden Zielwerten. Basierend auf dieser Beziehung kann es Vorhersagen für neue Datenpunkte machen. Es kommt zum Einsatz, wenn die Zielvariable eine kontinuierliche Größe hat, wie zum Beispiel Preise, Temperatur, Einkommen usw.

Angenommen, du kennst den Zusammenhang zwischen der Größe und dem Preis von Häusern. Wenn du nun die Größe eines neuen Hauses kennst, kannst du den Preis vorhersagen.

Clustering.

Clustering ist eine aufregende Technik des unüberwachten Lernens, bei der ähnliche Datenpunkte in Gruppen zusammengefasst werden. Anders als bei der Klassifikation gibt es hier keine vordefinierten Klassen. Stattdessen sucht der Algorithmus nach natürlichen **Gruppierungen** in den Daten.

Ein typisches Beispiel für Clustering ist die Segmentierung von Kunden in verschiedene Gruppen basierend auf ihren Einkaufsgewohnheiten, ohne im Voraus zu wissen, wie viele Gruppen es geben wird oder wie sie aussehen. Das Clustering hilft dabei, Muster in den Daten zu entdecken und sie in sinnvolle Gruppen zu unterteilen.

So erhält man verschiedene Kundendaten, und das Clustering gruppiert sie automatisch in Kunden, die viel kaufen, Kunden, die wenig kaufen, und so weiter.

Dimensionsreduktion.

Dimensionsreduktion bezieht sich auf Techniken, um die Anzahl der Merkmale in einem Datensatz zu reduzieren, während die wichtigen Informationen beibehalten werden. Dies ist nützlich, wenn ein Datensatz viele Merkmale oder Dimensionen hat, von denen einige redundant sein können. Das Ziel ist es, den Datensatz zu **vereinfachen**, um die Verarbeitungseffizienz zu verbessern und Fehler zu reduzieren, während die relevanten Informationen beibehalten werden. Zum Beispiel könnte man die Anzahl der Pixel in einem Bild reduzieren, während wichtige Merkmale erhalten bleiben, um die Bilderkennung zu verbessern.
Der Inhalt und die Merkmale des Bildes bleiben trotz Speicherreduzierung erhalten.

Schritt 24:
Zuerst:
Zeichne ein detailliertes Bild eines Objekts (z.B. eines Hauses).

Danach:
Reduziere die Details, um nur die wichtigsten Merkmale beizubehalten (z.B. Umrisse, Fenster, Tür).

Detailliertes Bild　　　　　*Reduzierte Details*

Lecker Eiscreme

Du bist ein Eisdielenbesitzer und möchtest herausfinden, wie das Wetter die Anzahl der verkauften Eiscremes beeinflusst. Du hast über die letzten Monate Daten gesammelt: An warmen Tagen hast du mehr Eis verkauft und an kälteren Tagen weniger. Diese Beziehung zwischen der Temperatur und den Eisverkäufen möchtest du jetzt genauer untersuchen. Hier kommt die lineare Regression ins Spiel.

Was ist lineare Regression?
Lineare Regression ist eine Methode der Statistik, die uns hilft, den Zusammenhang zwischen zwei Variablen zu verstehen. In unserem Fall sind die beiden Variablen die Temperatur (unabhängige Variable) und die Anzahl der verkauften Eiscremes (abhängige Variable). Die Idee ist, eine Gerade zu finden, die die Datenpunkte so gut wie möglich beschreibt. Diese Gerade nennt man Regressionsgerade.

Ein einfaches Beispiel.
Angenommen, du hast folgende Daten gesammelt:

Temperatur (°C)	Anzahl der verkauften Eiscremes
20	50
25	60
30	70
35	80
40	90

Um herauszufinden, wie diese beiden Variablen zusammenhängen, zeichnen wir zuerst die Datenpunkte in ein Koordinatensystem. Auf der x-Achse tragen wir die Temperatur und auf der y-Achse die Anzahl der verkauften Eiscremes ein.

Das Ergebnis sieht ungefähr so aus:

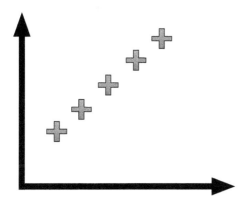

Jedes Kreuz repräsentiert einen Datenpunkt aus unserer Tabelle. Nun wollen wir eine Gerade finden, die diese Punkte bestmöglich beschreibt. Diese Gerade können wir mit der Methode der linearen Regression berechnen.

Die Regressionsgerade hat die allgemeine Form:

$$y = mx+b$$

Dabei ist m die Steigung der Geraden und b der y-Achsenabschnitt (also der Punkt, an dem die Gerade die y-Achse schneidet).
Um m und b zu berechnen, nutzen wir die Formeln:

$$m = \sum(x_i - \bar{x})(y_i - \bar{y}) / \sum(x_i - \bar{x})^2$$

$$b = \bar{y} - m\bar{x}$$

Hierbei bedeutet ein Querstrich, dass es sich um den Mittelwert handelt.

Setzen wir unsere Werte ein:
- x: Temperatur
- y: Anzahl der verkauften Eiscremes

Mittelwerte:

$\bar{x} = \sum x/n = (20+25+30+35+40)/5 = 150/5 = 30$

$\bar{y} = \sum y/n = (50+60+70+80+90)/5 = 350/5 = 70$

Nun berechnen wir m:

$m = ((20\text{-}30)(50\text{-}70)+(25\text{-}30)(60\text{-}70)...)/(20\text{-}30)^2+(25\text{-}30)^2+...$

$m = ((\text{-}10)(\text{-}20)+(\text{-}5)(\text{-}10)+...)/((\text{-}10)^2+(\text{-}5)^2+0^2+5^2+10^2)$

$m = (200+50+0+50+100)/(100+25+0+25+100)$

$m = 500/250 = 2$

Und für b:

$b = 70 - 2 * 30 = 70 - 60 = 10$

Die Gleichung der Regressionsgeraden lautet daher:

$$y = 2x+10$$

Das bedeutet, für jede Erhöhung der Temperatur um 1 Grad Celsius erwarten wir, dass 2 Eiscreme mehr verkauft wird.

Schritt 25:

Du bist ein Gärtner und möchtest herausfinden, wie die Menge an Dünger (in Kilogramm) die Höhe der Pflanzen (in Zentimetern) beeinflusst. Du hast folgende Daten gesammelt:

Dünger (kg)	Pflanzenhöhe (cm)
1	22
2	27
3	34
4	43
5	50

Berechne den Durchschnitt von Dünger und Pflanzenhöhe.

_____

_____

_____

_____

_____

Schritt 26:

Berechne die Steigung m und den y-Achsenabschnitt b der Regressionsgeraden mit den Daten aus Schritt 27.

_____

_____

_____

_____

_____

Schritt 27:

Stelle mit den Ergebnissen aus Schritt 28 die Regressionsgerade auf.

Schritt 28:

Zeichne die Datenpunkte in ein Koordinatensystem und füge die Regressionsgerade hinzu.

Wir bleiben Gärtner

Und jetzt möchtest du herausfinden, welche Faktoren das Wachstum deiner Pflanzen am meisten beeinflussen. Ist es das Wasser, das Sonnenlicht oder vielleicht der Dünger? Hier kommen sogenannte Entscheidungsbäume und Random Forests ins Spiel, zwei kraftvolle Methoden des maschinellen Lernens, die dir helfen können, komplexe Entscheidungsprozesse zu visualisieren und vorherzusagen.

Ein Entscheidungsbaum ist ein Modell, das Entscheidungen in einer Baumstruktur darstellt. Jeder Knoten im Baum stellt eine Entscheidung basierend auf einem Attribut (z.b. Menge an Wasser) dar, und jeder Zweig repräsentiert das Ergebnis dieser Entscheidung. Am Ende des Baumes, in den sogenannten Blättern, findest du die Vorhersage oder das Ergebnis.

Stell dir vor, du möchtest herausfinden, ob deine Pflanzen groß oder klein sein werden, basierend auf zwei Faktoren: Wasser und Sonnenlicht. Ein Entscheidungsbaum könnte so aussehen:

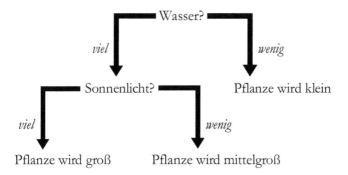

In diesem Beispiel beginnt der Baum mit der Frage "Wie viel Wasser?", dann teilt er sich basierend auf der Antwort in zwei Zweige: "viel" und "wenig". Jede Entscheidung führt zu einer weiteren Frage oder einem Ergebnis.

➡ Entscheidungsbäume sind intuitiv und die Ergebnisse sind leicht nachvollziehbar.

➡ Entscheidungsbäume benötigen oft weniger Datenvorbereitung im Vergleich zu anderen Algorithmen.

➡ Sie helfen dabei, wichtige Merkmale und ihre Wechselwirkungen zu identifizieren.

Ein Random Forest geht jetzt einen Schritt weiter und erstellt nicht nur einen, sondern viele Entscheidungsbäume. Das Ergebnis ist eine „Wald" aus Bäumen (daher der Name „Random Forest"). Jeder Baum wird aus einer zufälligen Auswahl von Datenpunkten und Attributen erstellt. Um eine Vorhersage zu treffen, lässt der Random Forest jeden Baum eine Entscheidung treffen und nimmt dann den Durchschnitt oder den Mehrheitsentscheid der Bäume.

Warum ist das sinnvoll? Einzelne Entscheidungsbäume können anfällig für Überanpassung sein, was bedeutet, dass sie zu gut auf die Trainingsdaten abgestimmt sind und daher bei neuen Daten schlechter abschneiden. Durch das Erstellen vieler Bäume und das „Abstimmen" der Ergebnisse wird die Vorhersage robuster und genauer.

➡ Random Forests sind weniger anfällig für Überanpassung im Vergleich zu einzelnen Entscheidungsbäumen.

➡ Durch die Kombination vieler Bäume erzielen Random Forests oft bessere Vorhersagen.

➡ Sie können die Wichtigkeit verschiedener Merkmale automatisch bewerten, was bei der Datenanalyse hilfreich ist.

Du hast eine größere Datenmenge und möchtest nun einen Random Forest verwenden. Der Random Forest erstellt mehrere Entscheidungsbäume, indem er zufällige Teilmengen deiner Daten und Merkmale verwendet. Jeder Baum gibt eine Vorhersage ab, und der Random Forest nimmt den Durchschnitt oder den Mehrheitsentscheid.

Ein einfaches Beispiel

Angenommen, du hast 100 Bäume in deinem Random Forest, und 60 davon sagen, dass die Pflanze groß sein wird, 30 sagen, sie wird mittelgroß sein, und 10 sagen, sie wird klein sein. Der Random Forest würde dann vorhersagen, dass die Pflanze groß sein wird, da dies die häufigste Vorhersage ist.

Die strukturierten Daten aus denen Entscheidungsbäume und Random Forests erstellt werden, könnten so aussehen:

Wasser	Sonnenlicht	Dünger	Größe
viel	viel	ja	groß
viel	wenig	ja	mittel
wenig	viel	nein	klein
wenig	wenig	nein	klein
viel	viel	nein	groß

Schritt 29:

Du musst ein Transportmittel für deinen Arbeitsweg wählen. Welche Faktoren beeinflussen deine Entscheidung (z.B. Kosten, Zeit, Bequemlichkeit, Wetter)?

Zeichne einen Entscheidungsbaum zum Kontext „Wahl des Transportmittels".

Definiere hierfür auch die möglichen Transportmittel als Ergebnisse (z.B. Auto, Fahrrad, Bus, Zug...) und überlege dir die Baumstruktur zu den Ergebnissen.

Schritt 30:

Zeichne einen Entscheidungsbaum für deine Urlaubsplanung. Welche Faktoren beeinflussen deine Entscheidung für ein Urlaubsziel (z.b. Budget, Jahreszeit, Aktivitäten, Reisedauer)?

Definiere hierfür vielleicht mögliche Urlaubszielkategorien (z.b. Strand, Berge, Stadt, Abenteuer…).

Wir bauen wieder LEGO

Du hast einen großen Haufen unsortierter Legosteine vor dir. Es gibt sie in verschiedenen Farben und Größen, und du möchtest sie in Gruppen sortieren, damit du leichter findest, was du brauchst. Das ist im Grunde das, was das sogenannte **K-Means**-Clustering in der Datenanalyse tut – es sortiert Datenpunkte in Gruppen, die "Cluster" genannt werden, basierend auf ihren Eigenschaften.

Es ist eine Methode des maschinellen Lernens, die verwendet wird, um ähnliche Datenpunkte in Cluster bzw. Gruppen zu gruppieren. Dabei steht das "K" in K-Means für die Anzahl der Cluster, die du im Voraus festlegen musst. Der Algorithmus versucht dann, die Daten so zu sortieren, dass die Punkte innerhalb eines Clusters möglichst ähnlich und die Punkte in verschiedenen Clustern möglichst unterschiedlich sind.

Der Prozess des K-Means-Clustering kann in folgende Schritte unterteilt werden:

1. Bestimme die Anzahl der Cluster (K):
   Zunächst entscheidest du, in wie viele Cluster du deine Daten aufteilen möchtest.

2. Initialisiere die Clusterzentren:
   Wähle zufällig K Datenpunkte aus deinem Datensatz und definiere diese als die ersten Clusterzentren. Diese werden auch "Centroids" oder „Zentroide" genannt. Klingt ein wenig wie Star Wars.

3. Zuordnung der Datenpunkte:
   Weise jeden Datenpunkt dem nächstgelegenen Clusterzentrum zu. Dies erfolgt anhand der Distanz.

4. Aktualisiere die Clusterzentren:
   Berechne die neuen Clusterzentren, indem du den Durchschnitt der Datenpunkte in jedem Cluster nimmst. Diese neuen Mittelwerte werden die neuen Zentren der Cluster.

5. Wiederhole die Schritte 3 und 4:
   Wiederhole die Zuordnung und Aktualisierung, bis die Clusterzentren sich nicht mehr wesentlich ändern oder eine festgelegte Anzahl von Iterationen erreicht ist.

Ein anschauliches Beispiel

Du hast eine Eisdiele und du möchtest herausfinden, welche Eissorten am beliebtesten sind, um dein Sortiment zu optimieren. Du hast Daten über die Verkäufe verschiedener Eissorten und möchtest sie in Gruppen einteilen.

1. Bestimme K:
   Du entscheidest dich, die Eissorten in drei Gruppen (K=3) zu unterteilen.

2. Initialisiere die Clusterzentren:
   Du wählst drei zufällige Eissorten als Ausgangspunkte.

3. Zuordnung der Datenpunkte:
   Du überprüfst, welche verkauften Eissorten am nächsten zu den drei ausgewählten Sorten liegen, und ordnest sie diesen zu.

4. Aktualisiere die Clusterzentren:
   Du berechnest den Durchschnitt der Verkaufszahlen in jeder Gruppe und passt die Clusterzentren entsprechend an.

5. Wiederhole:
   Du wiederholst die Zuordnung und Aktualisierung, bis sich die Gruppen nicht mehr verändern.

Am Ende hast du drei Gruppen von Eissorten, die dir zeigen, welche Sorten ähnlich beliebt sind. Das hilft dir, dein Angebot besser zu planen und die Lieblingssorten deiner Kunden vorrätig zu haben.

ERSTELLEN UND BEWERTEN VON MODELLEN

Du hast noch immer deinen kleinen Garten. Jeden Tag pflegst du ihn, gibst ihm Wasser, entfernst Unkraut und siehst dabei zu, wie die Pflanzen wachsen und gedeihen. Ähnlich verhält es sich mit dem Trainieren von Modellen in der Welt der Künstlichen Intelligenz.

Beim Trainieren von Modellen geht es darum, einem Computer beizubringen, bestimmte Aufgaben zu erledigen, ohne dass wir ihm jede einzelne Anweisung geben müssen. Ein Modell ist wie ein kleiner, wissbegieriger Schüler, der aus Beispielen lernt. Diese Beispiele liefern wir ihm in Form von Daten.

Der erste Schritt ist das Sammeln von Daten. Diese Daten sind das Fundament, auf dem das Modell aufgebaut wird. Wenn man ein Modell trainieren möchte, das Katzen von Hunden unterscheiden kann, benötigt man viele Bilder von Katzen und Hunden. Aber das ist noch nicht alles – die Daten müssen auch aufbereitet werden. Das bedeutet, es muss sichergestellt werden, dass sie in einem Format vorliegen, welches das Modell verstehen kann. Vielleicht müssen die Bilder zugeschnitten, die Farben angepasst oder sie in eine einheitliche Größe gebracht werden.

Der spannendste Teil ist das eigentliche Training. Hierbei geht es darum, das Modell durch viele Iterationen zu führen, bei denen es versucht, die richtigen Antworten zu finden. Zu Beginn ist das Modell noch sehr „unwissend" und macht viele Fehler. Das ist völlig normal. Durch wiederholtes Üben und Anpassen verbessert es sich jedoch kontinuierlich. Dieser Prozess wird als „Training" bezeichnet und kann je nach Komplexität des Modells und der Datenmenge Stunden, Tage oder sogar Wochen dauern.

Ein einfaches Beispiel: Wenn wir das Modell mit einem Bild einer Katze füttern, versucht es, das Bild zu analysieren und zu bestimmen, ob es eine Katze oder einen Hund zeigt. Anfänglich könnte es oft falsch liegen. Doch jedes Mal, wenn es einen Fehler macht, lernt es daraus. Es passt seine internen Parameter an – das sind wie kleine Stellschrauben, die es optimieren kann, um beim nächsten Mal eine bessere Entscheidung zu treffen.

Nachdem das Modell trainiert wurde, muss sichergestellt werden, dass es auch wirklich das tut, was von ihm erwartet wird. Hierfür verwenden wir einen separaten Satz von Daten, den das Modell noch nie gesehen hat. Diesen Prozess nennt man „Validierung". Wenn das Modell auch hier gute Ergebnisse liefert, kann man sicher sein, dass es nicht nur die Trainingsdaten „auswendig gelernt" hat, sondern wirklich in der Lage ist, allgemein zu lernen und auf neue, unbekannte Daten anzuwenden.

Sobald man zufrieden ist mit der Leistung des Modells, kann man es in die Praxis bringen. Das bedeutet, dass es nun in einer realen Anwendung genutzt wird – sei es in einer App, die Fotos sortiert, in einem Sprachassistenten, der unsere Befehle versteht, oder in einem autonomen Fahrzeug, das sicher durch den Verkehr navigiert.

Die Welt der KI bleibt jedoch nicht stehen. Die Modelle müssen ständig weiterlernen und sich an neue Daten und Veränderungen anpassen. Das bedeutet, dass man regelmäßig neue Daten sammeln und das Modell nachtrainieren müssen, damit es immer auf dem neuesten Stand bleibt und seine Aufgaben weiterhin zuverlässig erfüllt…

Wie schmeckt der Kuchen?

Du hast einen Kuchen gebacken. Du hast die besten Zutaten verwendet und das Rezept sorgfältig befolgt. Doch bevor du ihn deinen Gästen servierst, möchtest du sicherstellen, dass er auch wirklich gut schmeckt. Ähnlich verhält es sich mit der Modellbewertung und -validierung in der Künstlichen Intelligenz.

In der Welt der KI entwickelt man Modelle, die bestimmte Aufgaben erledigen sollen, wie z.B. das Erkennen von Objekten in Bildern oder das Vorhersagen von Trends. Doch wie weiß man, ob diese Modelle tatsächlich gut funktionieren? Hier kommen die Bewertung und Validierung ins Spiel. Diese Prozesse helfen uns zu überprüfen, ob die Modelle das tun, was sie sollen, und wie gut sie dabei sind.

Bevor man mit der Bewertung und Validierung beginnt, muss man unsere Daten in verschiedene Sätze aufteilen. Dies sind typischerweise:

1. **Trainingsdaten**
   Diese Daten verwendet man, um das Modell zu trainieren.

2. **Validierungsdaten**
   Diese Daten nutzt man während des Trainings, um die Leistung des Modells zu überwachen und zu verbessern.

3. **Testdaten**
   Diese Daten setzt man ein, um die endgültige Leistung des Modells zu bewerten, nachdem das Training abgeschlossen ist.

Während des Trainings verwendet man die Validierungsdaten, um regelmäßig zu überprüfen, wie gut das Modell lernt. Du bist ein Lehrer, der seinen Schülern regelmäßig kleine Tests gibt, um zu sehen, ob sie den Stoff verstanden haben. Ähnlich geben wir unserem Modell diese "Tests" mit den Validierungsdaten. Wenn das Modell gut abschneidet, ist das ein Zeichen dafür, dass es auf dem richtigen Weg ist. Wenn nicht, muss man möglicherweise Anpassungen vornehmen – vielleicht muss man die Trainingsdaten erweitern oder die Parameter des Modells anpassen.

Sobald das Modell trainiert ist, kommt der entscheidende Moment: die Bewertung mit den Testdaten. Diese Daten hat das Modell noch nie gesehen, sodass man sehen kann, wie gut es mit völlig neuen Informationen zurechtkommt. Das ist wie eine Abschlussprüfung für unser Modell.

Hierbei verwendet man verschiedene Metriken, um die Leistung des Modells zu bewerten. Einige der gängigsten Metriken sind:

-   **Genauigkeit** (Accuracy):
    Der Prozentsatz der korrekt vorhergesagten Beispiele.

-   **Präzision** (Precision):
    Wie viele der vorhergesagten positiven Beispiele tatsächlich positiv sind.

-   **Recall** (Sensitivität):
    Wie viele der tatsächlichen positiven Beispiele korrekt identifiziert wurden.

-   **F1-Score**:
    Eine Kombination aus Präzision und Recall, die ein ausgewogenes Maß liefert.

Ein häufiges Problem bei der Modellbewertung ist das bereits eingeführte Overfitting bzw. Überanpassung. Das passiert, wenn ein Modell so gut auf die Trainingsdaten angepasst wird, dass es Schwierigkeiten hat, auf neuen Daten gut zu performen. Wie bereits in vorherigen Kapiteln erwähnt, ist es, als hätte ein Schüler die Antworten für den Test auswendig gelernt, aber nicht wirklich den Stoff verstanden. Um Overfitting zu vermeiden, verwenden wir Techniken wie Kreuzvalidierung, bei der die Daten mehrfach in Trainings- und Validierungssätze aufgeteilt werden, um eine robustere Bewertung zu erhalten.

Kreuzvalidierung
Bei der Kreuzvalidierung wird der gesamte Datensatz in mehrere gleich große Teile (sog. Folds) aufgeteilt. Das Modell wird dann mehrfach trainiert und validiert, wobei jedes Mal ein anderer Teil als Validierungsdaten und die restlichen Teile als Trainingsdaten verwendet werden. Am Ende werden die Ergebnisse gemittelt, um eine umfassendere Bewertung der Modellleistung zu erhalten. Dies hilft, eine stabilere und zuverlässigere Einschätzung zu bekommen.

Warum ist Modellbewertung wichtig?
Ohne gründliche Bewertung und Validierung kann man Modelle entwickeln, die in der Praxis versagen, auch wenn sie in der Trainingsumgebung gut funktionieren. Ein unzuverlässiges Modell könnte zu Fehlentscheidungen führen, was in vielen Anwendungen – von der Medizin über die Finanzbranche bis hin zur autonomen Fahrtechnik – ernsthafte Konsequenzen haben könnte...

Die richtige Balance finden

Du bist wieder ein Künstler, der ein Porträt malt. Wenn du zu viele Details hinzufügst und dich in den kleinen Linien und Schattierungen verlierst, könnte das Bild überladen wirken. Andererseits, wenn du zu wenige Details malst und dich nur auf die groben Umrisse konzentrierst, wird das Porträt möglicherweise nicht erkennbar sein. Diese Balance zwischen zu viel und zu wenig ist auch in der Welt der Künstlichen Intelligenz entscheidend und wird eben als Überanpassung und Unteranpassung (Underfitting) bezeichnet.

Überanpassung kennen wir bereits.

Unteranpassung tritt auf, wenn ein Modell die Trainingsdaten nicht gut genug lernt. Das ist, als würde ein Schüler die grundlegenden Konzepte nicht verstehen und daher weder den aktuellen Test noch zukünftige Tests gut bestehen. Ein unterangepasstes Modell kann weder die Trainingsdaten noch neue Daten gut vorhersagen, weil es die zugrunde liegenden Muster und Beziehungen in den Daten nicht erfasst hat.

Überanpassung kann durch verschiedene Faktoren verursacht werden, wie z.B.:

- Wenn das Modell zu viele Parameter hat, kann es die Trainingsdaten zu genau anpassen.

- Mit einer kleinen Menge an Trainingsdaten kann das Modell leicht lernen, diese spezifischen Daten zu „merken".

- Das Modell lernt auch die zufälligen Schwankungen und Fehler in den Daten, anstatt die zugrunde liegenden Muster zu erkennen.

Ein überangepasstes Modell erkennt man daran, dass es auf den Trainingsdaten sehr gut abschneidet, aber auf den Validierungs- oder Testdaten eine deutlich schlechtere Leistung zeigt. Ein Beispiel: In einer Bilderkennungsaufgabe könnte ein überangepasstes Modell auf den Trainingsbildern fast perfekte Genauigkeit haben, aber bei neuen Bildern häufig Fehler machen.

Unteranpassung kann durch Faktoren wie diese verursacht werden:

- Wenn das Modell nicht genug Parameter hat, um die Komplexität der Daten zu erfassen.

- Wenn das Modell nicht ausreichend trainiert wurde, um die Muster in den Daten zu lernen.

- Wenn die verwendeten Merkmale oder Features nicht aussagekräftig genug sind, um die zugrunde liegenden Muster zu erkennen.

Ein unterangepasstes Modell erkennt man daran, dass es sowohl auf den Trainingsdaten als auch auf den Validierungs- oder Testdaten schlecht abschneidet. In unserer Bilderkennungsaufgabe könnte ein unterangepasstes Modell sowohl auf den Trainings- als auch auf den Testbildern nur mittelmäßige Ergebnisse liefern.

Um Überanpassung zu vermeiden, können verschiedene Techniken angewendet werden:

➔ Je mehr Trainingsdaten vorhanden sind, desto besser kann das Modell die zugrunde liegenden Muster lernen, ohne die spezifischen Details zu „merken".

➔ Techniken wie sogenannte L1- und L2-Regularisierung fügen dem Modell **Strafen** für große

Parameterwerte hinzu, um zu verhindern, dass es zu stark an die Trainingsdaten angepasst wird.

➔ Durch die Aufteilung der Daten in mehrere Teile und wiederholtes Trainieren und Testen kann die Leistung des Modells stabiler bewertet werden.

➔ Das Training wird gestoppt, wenn die Leistung auf den Validierungsdaten beginnt, sich zu verschlechtern, obwohl die Leistung auf den Trainingsdaten weiter verbessert wird.

➔ Bei neuronalen Netzwerken wird während des Trainings zufällig ein Teil der Neuronen deaktiviert, um zu verhindern, dass das Modell zu stark von bestimmten Neuronen abhängt.

Um Unteranpassung zu vermeiden, können diese Maßnahmen ergriffen werden:

➔ Ein komplexeres Modell mit mehr Parametern kann besser die zugrunde liegenden Muster in den Daten erfassen.

➔ Das Modell länger oder intensiver trainieren, um sicherzustellen, dass es die Daten gut genug lernt.

➔ Die Auswahl oder Erstellung aussagekräftigerer Merkmale, die die zugrunde liegenden Muster besser darstellen.

Schritt 31:

Betrachte die folgenden Szenarien und bestimme, ob es sich um Überanpassung, Unteranpassung oder keins von beidem handelt.

Ein Modell erreicht auf den Trainingsdaten eine Genauigkeit von 98%, aber nur 65% auf den Testdaten.

Ein anderes Modell erzielt sowohl auf den Trainingsdaten als auch auf den Testdaten eine Genauigkeit von 70%.

Ein drittes Modell hat auf den Trainingsdaten eine Genauigkeit von 80% und auf den Testdaten eine Genauigkeit von 78%.

Köstliche Suppe ·

Du bist vom Hobbykoch zum Koch in einem Gourmetrestaurant aufgestiegen. Du hast das perfekte Rezept für eine köstliche Suppe, aber du weißt, dass der Geschmack durch kleine Anpassungen noch verbessert werden kann. Ein bisschen mehr Salz hier, eine Prise Pfeffer dort – die richtigen Gewürze in der optimalen Menge machen den Unterschied. In der Welt der Künstlichen Intelligenz ist die Hyperparameter-Optimierung vergleichbar mit dieser Feinabstimmung. Sie hilft uns, das Beste aus unseren Modellen herauszuholen.

Vielleicht zunächst eine Erläuterung, was Hyperparameter überhaupt sind. In einem KI-Modell gibt es zwei Arten von Parametern:

1. Modellparameter: Diese werden während des Trainings gelernt. Sie passen sich an die Daten an und optimieren die Vorhersagen des Modells.

2. Hyperparameter: Diese werden vor dem Training festgelegt und beeinflussen, wie das Modell lernt und wie die Modellparameter angepasst werden.

Beispiele für Hyperparameter sind:

➜ Die **Anzahl der Bäume** in einem Random Forest
➜ Die **Anzahl der Knoten** in einem neuronalen Netzwerk
➜ Der **Wert von k** in k-Nearest-Neighbors

Die Wahl der richtigen Hyperparameter kann einen großen Unterschied in der Leistung eines Modells machen. Schlechte Hyperparameter-Einstellungen können dazu führen, dass das Modell schlecht generalisiert. Daher ist die Hyperparameter-Optimierung ein entscheidender Schritt, um die beste Leistung aus einem Modell herauszuholen.

Es gibt verschiedene Methoden zur Optimierung von Hyperparametern. Hier sind einige der gängigsten:

Grid Search

Bei der Grid Search wird ein Gitter aus Hyperparameter-Werten erstellt, und alle möglichen Kombinationen werden ausprobiert. Zum Beispiel, wenn wir zwei Hyperparameter haben und jeder drei mögliche Werte hat, dann testen wir alle neun Kombinationen.

Es ist sehr einfach und garantiert, alle Kombinationen zu testen. Jedoch ist es auch sehr rechenintensiv, besonders bei vielen Hyperparametern oder großen Suchräumen.

Random Search

Statt alle Kombinationen auszuprobieren, werden bei der Random Search zufällig einige Kombinationen getestet. Dies reduziert die Anzahl der erforderlichen Tests und kann in vielen Fällen zu ähnlichen führen als die Grid Search. Es ist dementsprechend weniger rechenintensiv und kann große Suchräume effizient abdecken. Hat jedoch keine Garantie, die optimalen Hyperparameter zu finden.

Lass uns ein Beispiel betrachten, um die Praxis der Hyperparameter-Optimierung besser zu verstehen. Angenommen, wir haben ein Random Forest-Modell zur Klassifizierung von Daten, und wir möchten die Anzahl der Bäume und die maximale Tiefe der Bäume optimieren.

Schritt 1: **Definieren des Suchraums**
Wir legen fest, welche Werte für die Anzahl der Bäume und die maximale Tiefe ausprobiert werden sollen. Zum Beispiel:

Anzahl der Bäume: [50, 100, 200]
Maximale Tiefe: [10, 20, 30]

Schritt 2: **Wahl der Optimierungsmethode**
Angenommen, wir verwenden Random Search. Wir erstellen eine Liste mit zufälligen Kombinationen der Hyperparameter:

(50, 10)
(100, 20)
(200, 30)
...

Schritt 3: **Modelltraining und Bewertung**
Für jede Kombination trainieren wir das Modell und bewerten seine Leistung auf einem Validierungsdatensatz. Angenommen, wir messen die Genauigkeit des Modells.

Schritt 4: **Auswahl der besten Kombination**
Wir wählen die Hyperparameter-Kombination, die die beste Leistung auf dem Validierungsdatensatz erzielt hat. Zum Beispiel könnte das (100, 20) sein.

Die Optimierung kann sehr rechenintensiv sein, besonders bei großen Modellen und umfangreichen Suchräumen. Hier können leistungsstarke Rechner oder Cloud-Computing-Ressourcen helfen.

Außerdem sollte man darauf achten, dass das Modell nicht überangepasst wird. Eine separate Validierungs- und Testphase ist entscheidend.

Es gibt viele Bibliotheken und Tools, die die Hyperparameter-Optimierung unterstützen, wie z.B. Scikit-Learn, Hyperopt und Optuna.

PRAXISPROJEKTE

Fangen wir mit einem Chatbot an.

Ein Chatbot ist eine Softwareanwendung, die konzipiert ist, um mit Menschen in natürlicher Sprache zu kommunizieren. Die Interaktion erfolgt meist über Textnachrichten, kann aber auch sprachbasiert sein. Chatbots können auf einfache Abfragen reagieren oder komplexe Dialoge führen, je nach ihrer Programmierung und der zugrunde liegenden Technologie.

Lass uns nochmal einen Blick auf die Grundlagen werden:

Natural Language Processing (NLP): siehe Seite 33

Intents: Intents beschreiben die Absicht des Benutzers. Beispielsweise könnte ein Benutzer die Absicht haben, das Wetter zu erfahren oder ein Produkt zu kaufen.

Entities: Entities sind spezifische Datenpunkte innerhalb einer Anfrage. Im Wetter-Beispiel könnte die Stadt, für die der Benutzer das Wetter wissen möchte, eine Entity sein.

Dialogflow: Dialogflow ist ein Beispiel für eine Plattform, die NLP-Funktionen bereitstellt, um Chatbots zu entwickeln. Sie hilft dabei, Intents und Entities zu definieren und Dialoge zu verwalten.

Der erste Schritt bei der Erstellung eines Chatbots ist die Planung. Hierbei sollte man sich einige grundlegende Fragen stellen:

Was ist das Ziel des Chatbots?

Wer ist die Zielgruppe?

Welche Plattform soll verwendet werden?

Ein einfacher Chatbot besteht im Wesentlichen aus drei Komponenten:

1. Eingabe-Verarbeitung:
   Hier wird die Nachricht des Benutzers empfangen und analysiert. NLP-Technologien werden verwendet, um die Intention und die relevanten Entities zu erkennen.

2. Antwort-Generierung:
   Basierend auf der erkannten Intention wird eine passende Antwort generiert. Dies kann eine einfache Textnachricht sein oder eine komplexe Interaktion, die mehrere Schritte umfasst.

3. Ausgabe:
   Die generierte Antwort wird dem Benutzer präsentiert. Bei textbasierten Chatbots geschieht dies in Form einer Textnachricht, bei sprachbasierten Chatbots über eine Sprachausgabe.

Zunächst muss man festlegen, welche Intents der Chatbot erkennen soll. Ein einfacher FAQ-Chatbot könnte beispielsweise Intents wie „Öffnungszeiten erfragen", „Produktinformationen" oder „Kontaktaufnahme" haben. Für jeden Intent definiert man die möglichen Entities.

Damit der Chatbot die Intents zuverlässig erkennt, benötigt er **Beispiele** für Benutzereingaben. Für den Intent „Öffnungszeiten erfragen" könnten Beispiele sein: „Wann habt ihr geöffnet?" oder „Wie lange ist heute offen?".

Für jeden Intent legt man fest, wie der Chatbot darauf reagieren soll. Dies können feste Antworten sein oder dynamisch generierte Nachrichten, die auf den Entities basieren. Für die Frage nach den Öffnungszeiten könnte die Antwort lauten: „Unsere Öffnungszeiten sind von Montag bis Freitag, 9 bis 18 Uhr."

Ein gut gestalteter Chatbot führt den Benutzer durch den Dialog. Wenn eine Anfrage unklar ist, sollte der Chatbot nachfragen. Beispiel: „Meinen Sie die Öffnungszeiten für unsere Filiale in Berlin oder München?".

Nachdem man die grundlegenden Komponenten erstellt hat, ist es wichtig, den Chatbot zu testen. Freunde und Kollegen sollten ihn auszuprobieren, und Feedback geben. Intents, Entities und Antworten werden basierend auf diesem Feedback angepasst.

Auch wenn die Erstellung eines einfachen Chatbots relativ unkompliziert ist, gibt es einige Herausforderungen, denen man begegnen kann: Einerseits das Verständnis der natürlichen Sprache, das Beibehalten des Kontextes und natürlich die Benutzerfreundlichkeit.

Bilderkennung

Punkt 2 in diesem Kapitel ist die Bilderkennung. Bilderkennung, auch bekannt als visuelle Erkennung, bezieht sich auf die Fähigkeit eines Computersystems, Objekte, Personen, Orte und andere Entitäten in Bildern zu identifizieren und zu klassifizieren. Dabei handelt es sich um einen speziellen Bereich der Computer Vision, einem Feld der Informatik, das sich mit dem Verstehen digitaler Bilder und Videos befasst.

Moderne Bilderkennung basiert oft auf neuronalen Netzen, insbesondere tiefen neuronalen Netzen. Diese Netzwerke sind in der Lage, Muster in großen Mengen von Bilddaten zu erkennen, indem sie viele Schichten von Neuronen verwenden, die jeweils verschiedene Aspekte eines Bildes analysieren.

Eine spezielle Art von neuronalen Netzwerken, die besonders gut für die Bilderkennung geeignet ist, sind Convolutional Neural Networks. CNNs nutzen Faltungsschichten (Convolutional Layers), um Merkmale wie Kanten, Texturen und Formen in Bildern zu extrahieren.

Der Erfolg von Bilderkennungssystemen hängt stark von der Qualität und Menge der Trainingsdaten ab. Diese Daten müssen oft manuell annotiert werden, das heißt, es muss genau markiert werden, welche Objekte in den Bildern zu sehen sind.

Ein Anwendungsbeispiel der Bildererkennung ist die Gesichtserkennung. Sie wird verwendet, um Personen auf Fotos oder in Videos zu identifizieren. Sie findet Anwendung in Sicherheitssystemen, sozialen Medien und sogar in der Zugangskontrolle zu Geräten. Auch Selbstfahrende Autos nutzen Bilderkennung, um Verkehrszeichen, Fußgänger, andere Fahrzeuge und Straßensituationen zu erkennen und entsprechend zu reagieren. In der Medizin hilft Bilderkennung, Krankheiten durch die Analyse von Röntgenaufnahmen, MRT-Bildern und anderen medizinischen Scans frühzeitig zu diagnostizieren. Bilderkennungssysteme überwachen auch Produktionsprozesse, um Fehler und Qualitätsmängel frühzeitig zu erkennen und zu beheben. Auch Satellitenbilder werden analysiert, um Umweltveränderungen zu überwachen, wie zum Beispiel die Abholzung von Wäldern oder das Schmelzen von Gletschern.

Einfaches Spiel entwickeln

Als nächstes schauen wir uns Reinforcement Learning an. Reinforcement Learning ist eine Methode des maschinellen Lernens, bei der sogenannte Agenten lernen, durch Belohnungen und Bestrafungen optimale Entscheidungen zu treffen.

Es basiert auf dem Prinzip von „Versuch und Irrtum". Ein Agent, also unser Computerprogramm, interagiert mit seiner Umgebung und versucht, eine Aufgabe zu meistern. Dabei erhält der Agent Feedback in Form von Belohnungen (positive Verstärkung) oder Bestrafungen (negative Verstärkung). Das Ziel des Agenten ist es, durch seine Handlungen möglichst viele Belohnungen zu sammeln und Bestrafungen zu vermeiden.

Wir erinnern uns an Robi zurück, der durch ein Labyrinth navigieren soll. Robi startet an einem Punkt und muss den Ausgang finden. Jedes Mal, wenn er gegen eine Wand stößt, erhält er eine Bestrafung. Wenn er sich in die richtige Richtung bewegt, erhält er eine Belohnung. Mit der Zeit lernt Robi, den optimalen Weg zum Ausgang zu finden, indem er versucht, so viele Belohnungen wie möglich zu sammeln.

Es gibt ein Spiel, welches sich hervorragend eignet, um die Grundprinzipien des Reinforcement Learning zu verstehen: Tic-Tac-Toe.

Das Spielbrett erstellen

Wir beginnen damit, ein 3x3-Spielbrett zu erstellen. Das Spielbrett kann z.b. als eine Liste von Listen dargestellt werden:

Zustände und Aktionen definieren

Jeder Zustand repräsentiert eine spezifische Konfiguration des Spielbretts. Eine Aktion ist das Setzen eines Symbols (X oder O) in eine der leeren Zellen. Der Agent (unser Programm) wird lernen, welche Aktionen in welchem Zustand zu den besten Ergebnissen führen.

Belohnungssystem festlegen

Das Belohnungssystem ist entscheidend. Eine mögliche Belohnungsstrategie könnte wie folgt aussehen:

+1 für einen Gewinn
-1 für eine Niederlage
0 für ein Unentschieden oder einen noch laufenden Zustand

Den Agenten trainieren

Der Agent beginnt damit, zufällige Züge zu machen und aus den Ergebnissen zu lernen. Mit der Zeit und vielen Spielen wird er besser darin, optimale Entscheidungen zu treffen.

Das Spiel implementieren

Jetzt setzt man alle Teile zusammen und implementiert das Spiel. Der Agent spielt optional gegen einen menschlichen Spieler oder einen anderen Agenten.

Dieses einfache Beispiel veranschaulicht die Grundprinzipien des Reinforcement Learning. Durch ständiges Spielen und Lernen kann der Agent immer besser werden und schließlich eine Strategie entwickeln, die ihn oft gewinnen lässt.

ETHIK UND GESELLSCHAFTLICHE AUSWIRKUNGEN DER KI

KI hat sich in den letzten Jahren zu einem omnipräsenten Bestandteil unseres Lebens entwickelt. Sie durchdringt nahezu alle Bereiche unseres Daseins, von der Medizin über die Wirtschaft bis hin zur Unterhaltung. Während die KI uns zahlreiche Vorteile bietet, wirft sie zugleich tiefgreifende ethische Fragen auf, die eine sorgfältige Betrachtung erfordern.

Einer der zentralen Aspekte ist die Transparenz von KI-Systemen. Oftmals basieren Entscheidungen von KI-Algorithmen auf komplexen Berechnungen, die für den menschlichen Betrachter kaum nachvollziehbar sind. Diese Intransparenz birgt die Gefahr, dass Diskriminierungen und Ungerechtigkeiten unbemerkt bleiben. Wenn beispielsweise ein Algorithmus bei der Kreditvergabe bestimmte Personengruppen benachteiligt, kann dies schwerwiegende soziale Folgen haben.

Ein weiteres zentrales Thema ist die Fairness von KI-Systemen. KI-Algorithmen lernen aus den Daten, mit denen sie trainiert werden. Sind diese Daten verzerrt oder unvollständig, können die Ergebnisse ebenfalls verzerrt sein.

So können beispielsweise in Trainingsdaten überrepräsentierte Gruppen von Algorithmen bevorzugt werden, während unterrepräsentierte Gruppen benachteiligt werden. Es ist daher von entscheidender Bedeutung, dass die Daten, die für das Training von KI-Systemen verwendet werden, sorgfältig ausgewählt und auf mögliche Verzerrungen hin überprüft werden.

Die Verantwortung für die Folgen von KI-Anwendungen stellt eine weitere ethische Herausforderung dar. Wenn ein autonomes Fahrzeug einen Unfall verursacht, wer ist dann verantwortlich? Der Hersteller, der Entwickler oder der Nutzer? Diese Frage ist umso komplexer, je autonomer die Systeme werden. Es bedarf daher klarer rechtlicher Rahmenbedingungen und ethischer Leitlinien, um die Verantwortlichkeiten zu klären.

Der Datenschutz ist ein weiterer wichtiger Aspekt. KI-Systeme verarbeiten oft große Mengen an personenbezogenen Daten. Es ist daher unerlässlich, dass diese Daten geschützt werden und nicht missbräuchlich verwendet werden. Die EU-Datenschutz-Grundverordnung (DSGVO) stellt einen wichtigen Schritt in diese Richtung dar, doch es bedarf weiterer Anstrengungen, um den Datenschutz in der digitalen Welt zu gewährleisten.

Die Entwicklung von KI birgt auch das Risiko, dass sie für böswillige Zwecke missbraucht wird. So könnten beispielsweise KI-Systeme zur Entwicklung von autonomen Waffen oder zur Verbreitung von Desinformationen eingesetzt werden. Es ist daher wichtig, dass die Entwicklung von KI ethischen Grundsätzen folgt und dass die Sicherheit von KI-Systemen gewährleistet ist.

Um die ethischen Herausforderungen der KI zu bewältigen, ist eine interdisziplinäre Zusammenarbeit vonnöten. Informatiker, Ethiker, Juristen und Sozialwissenschaftler müssen gemeinsam an Lösungen arbeiten. Zudem bedarf es einer breiten gesellschaftlichen Debatte über die Zukunft der KI. Nur so können wir sicherstellen, dass die KI zum Wohle der Menschheit eingesetzt wird.

Bias und Fairness

Eine große Herausforderung ist die Voreingenommenheit (auch Bias) von KI-Systemen. Bias entsteht, wenn KI-Modelle systematische Fehler aufweisen, die zu ungerechten oder diskriminierenden Ergebnissen führen. Diese Voreingenommenheit wird oft durch die Daten verursacht, mit denen die Modelle trainiert werden. Sind diese Daten verzerrt, weil sie beispielsweise bestimmte Bevölkerungsgruppen unterrepräsentieren oder weil sie bestehende gesellschaftliche Vorurteile widerspiegeln, so lernt das KI-Modell diese Verzerrungen und reproduziert sie in seinen Entscheidungen.

Die Ursachen für Bias sind vielfältig und komplex. Neben den bereits erwähnten verzerrten Trainingsdaten können auch algorithmische Verzerrungen eine Rolle spielen. Bestimmte Algorithmen können dazu neigen, bestimmte Merkmale überzubetonen oder andere zu unterschätzen, was zu ungerechten Ergebnissen führen kann. Auch die Entwickler selbst können unbewusst ihre eigenen Vorurteile in den Entwicklungsprozess einbringen.

Die Folgen von Bias in KI-Systemen können weitreichend und schwerwiegend sein. Sie können zu Diskriminierung führen, Vertrauen in die Technologie untergraben und soziale Ungleichheiten verstärken. Ein KI-System, das bei der Kreditvergabe bestimmte Personengruppen aufgrund ihrer Herkunft oder ihres Geschlechts benachteiligt, kann beispielsweise dazu führen, dass diese Personen keinen Zugang zu wichtigen Finanzdienstleistungen erhalten. Auch im Bereich der Strafjustiz können KI-Systeme zu ungerechten Entscheidungen führen, wenn sie beispielsweise bei der Vorhersage von Rückfälligkeit bestimmte Bevölkerungsgruppen aufgrund ihrer Hautfarbe oder ihres sozialen Status benachteiligen.

Um Bias in KI-Systemen zu vermeiden, müssen verschiedene Maßnahmen ergriffen werden. Zunächst einmal ist es wichtig, dass die Trainingsdaten so vielfältig und repräsentativ wie möglich sind. Dies bedeutet, dass die Daten die gesamte Bevölkerung widerspiegeln müssen und nicht nur bestimmte Gruppen überrepräsentiert sind.

Darüber hinaus sollten die Algorithmen transparent und erklärbar sein. Es sollte möglich sein, nachzuvollziehen, wie ein KI-System zu einer bestimmten Entscheidung gelangt ist. Dies ermöglicht es, Verzerrungen zu identifizieren und zu korrigieren.

Auch die Entwicklungsteams selbst spielen eine wichtige Rolle. Sie sollten möglichst divers zusammengesetzt sein, um unterschiedliche Perspektiven einzubeziehen. Zudem sollten klare ethische Richtlinien für die Entwicklung und den Einsatz von KI-Systemen entwickelt und umgesetzt werden.

Fairness – ein komplexes Konzept

Fairness ist ein komplexes Konzept, das sich nicht einfach auf eine Formel reduzieren lässt. Was für eine Person oder Gruppe als fair empfunden wird, kann für eine andere Person oder Gruppe unfair erscheinen. Es gibt verschiedene Ansätze, um Fairness in KI-Systemen zu definieren und zu messen. Einige sprechen von individueller Fairness, bei der jede Person gleichbehandelt wird, während andere von Gruppenfairness sprechen, bei der unterschiedliche Gruppen im Durchschnitt gleichbehandelt werden.

Online-Shopping, Instagram, Smart Home

Ob beim Online-Shopping, der Nutzung sozialer Netzwerke oder dem Einsatz smarter Geräte – unsere persönlichen Daten hinterlassen in der digitalen Welt eine umfangreiche Spur. In unserer zunehmend digitalisierten Welt sind Datenschutz und Sicherheit zu zentralen Anliegen geworden. Der Schutz dieser Daten vor unbefugtem Zugriff und Missbrauch ist von höchster Bedeutung.

Datenschutz und Sicherheit sind dabei eng miteinander verknüpft. Während Datenschutz sich auf den Schutz personenbezogener Daten vor unbefugter Erhebung, Verarbeitung und Nutzung konzentriert, zielt Sicherheit darauf ab, unsere digitalen Systeme und Daten vor Angriffen zu schützen. Beide Aspekte sind unerlässlich, um ein hohes Maß an Vertrauen in die digitale Welt aufzubauen und unsere Grundrechte zu wahren.

Der Schutz unserer persönlichen Daten ist ein Grundrecht. Nur wenn wir uns sicher sein können, dass unsere Daten geschützt sind, sind wir bereit, digitale Dienste zu nutzen und von den Vorteilen der Digitalisierung zu profitieren. Zudem können Datenmissbrauch und Cyberangriffe schwerwiegende Folgen haben, von Identitätsdiebstahl und finanziellen Verlusten bis hin zu Reputationsschäden und politischen Instabilitäten.

Die Herausforderungen im Bereich Datenschutz und Sicherheit sind vielfältig. Die rasante Entwicklung digitaler Technologien, die wachsende Vernetzung und die enormen Datenmengen stellen Unternehmen und Behörden vor große Herausforderungen. Zudem werden Cyberangriffe immer ausgefeilter und zielgerichteter.

Um Datenschutz und Sicherheit zu gewährleisten, sind vielfältige Maßnahmen erforderlich. Auf technischer Ebene spielen beispielsweise Firewalls, Verschlüsselungstechnologien und regelmäßige Softwareupdates eine entscheidende Rolle. Unternehmen sollten zudem umfassende Datenschutzkonzepte entwickeln und ihre Mitarbeiter regelmäßig schulen.

Auch auf gesetzlicher Ebene gibt es zahlreiche Initiativen, um den Datenschutz zu stärken. Die Datenschutz-Grundverordnung (DSGVO) der Europäischen Union ist ein Meilenstein in diesem Bereich. Sie legt strenge Regeln für die Erhebung, Verarbeitung und Nutzung personenbezogener Daten fest und gibt den Betroffenen umfangreiche Rechte.

Jeder Einzelne kann einen wichtigen Beitrag zum Schutz seiner Daten leisten. Dazu gehören:

-   Starke Passwörter:
    Verwende sichere und einzigartige Passwörter für alle deine Online-Konten.

-   Vorsicht bei Phishing-Angriffen:
    Sei vorsichtig bei E-Mails und Nachrichten, die dich auffordern, persönliche Daten preiszugeben.

-   Regelmäßige Softwareupdates:
    Halte deine Geräte und Software immer auf dem neuesten Stand.

-   Achte auf die Datenschutzbestimmungen:
    Lies die Datenschutzbestimmungen von Online-Diensten sorgfältig durch.

Neue Arbeitsplätze

Einerseits birgt die KI ein enormes Potenzial, um Arbeitsprozesse zu automatisieren und zu optimieren. Routineaufgaben, die sich durch klare Regeln und Algorithmen beschreiben lassen, können zunehmend von Maschinen übernommen werden. Dies führt dazu, dass sich die Anforderungen an menschliche Arbeitskräfte verändern. Während monotone und repetitive Tätigkeiten von Maschinen übernommen werden, rücken Fähigkeiten wie Kreativität, Problemlösungskompetenz und soziale Intelligenz immer stärker in den Vordergrund.

Andererseits gibt es auch Befürchtungen, dass die KI zu einem Verlust von Arbeitsplätzen führen könnte. Insbesondere in Branchen, die sich durch eine hohe Automatisierungspotenzial auszeichnen, wie beispielsweise der Produktion oder der Logistik, könnten viele Arbeitsplätze wegfallen. Es ist jedoch wichtig zu betonen, dass die Geschichte zeigt, dass technologische Fortschritte in der Regel nicht zu einem langfristigen Rückgang der Beschäftigung geführt haben. Vielmehr haben sie zu einer Verschiebung der Nachfrage nach bestimmten Qualifikationen geführt.

Die KI schafft auch neue Arbeitsplätze. Die Entwicklung, der Einsatz und die Wartung von KI-Systemen erfordern hochqualifizierte Fachkräfte. Zudem entstehen neue Geschäftsfelder, die auf KI-basierten Technologien beruhen. Unternehmen, die KI erfolgreich einsetzen, können neue Produkte und Dienstleistungen entwickeln und sich so einen Wettbewerbsvorteil verschaffen.

Die Auswirkungen der KI auf den Arbeitsmarkt sind jedoch nicht nur wirtschaftlicher Natur. Sie haben auch soziale und ethische Implikationen. So wirft die Frage nach der Verteilung der durch die KI geschaffenen Wohlstands neue Herausforderungen auf. Es besteht die Gefahr, dass die

Vorteile der KI vor allem denjenigen zugutekommen, die bereits über ein hohes Bildungsniveau und ein gutes Einkommen verfügen. Zudem wirft der Einsatz von KI ethische Fragen auf, wie zum Beispiel die Frage nach der Verantwortung für Entscheidungen, die von KI-Systemen getroffen werden.

Um die Chancen der KI zu nutzen und die Risiken zu minimieren, sind umfassende Maßnahmen erforderlich. Dazu gehören Investitionen in **Bildung** und **Weiterbildung**, um die Arbeitskräfte für die Anforderungen der digitalen Arbeitswelt zu qualifizieren. Zudem ist es wichtig, einen sozialen Dialog zu führen, um die Auswirkungen der KI auf den Arbeitsmarkt gerecht zu gestalten. Politische Maßnahmen können dabei helfen, die negativen Folgen der Automatisierung abzufedern und neue Beschäftigungsmöglichkeiten zu schaffen.

ZUKUNFT DER KÜNSTLICHEN INTELLIGENZ

Die Fortschritte in der KI sind in den letzten Jahren exponentiell gewachsen. Immer leistungsfähigere Computer, größere Datenmengen und neue Algorithmen ermöglichen es, immer komplexere Aufgaben zu lösen. Neuronale Netzwerke, die der Funktionsweise des menschlichen Gehirns nachempfunden sind, revolutionieren Bereiche wie Bilderkennung, Spracherkennung und natürliche Sprachverarbeitung. Durch Deep Learning können KI-Systeme Muster in großen Datenmengen erkennen und komplexe Zusammenhänge verstehen, was zu beeindruckenden Anwendungen führt, von der automatischen Übersetzung bis hin zur medizinischen Diagnostik.

Ein weiterer wichtiger Trend ist die zunehmende Verbreitung von KI in unserem Alltag. Sprachassistenten wie Siri oder Alexa und Chatassistenten wie ChatGPT oder Microsoft Copilot sind längst keine Zukunftsmusik mehr, sondern fester Bestandteil des Alltags und vieler Haushalte. Auch im Bereich des autonomen Fahrens werden große Fortschritte erzielt. Selbstfahrende Autos könnten in Zukunft unsere Mobilität revolutionieren und Verkehrsprobleme lösen.

Die KI verändert nicht nur unser Privatleben, sondern auch die Wirtschaft. Unternehmen setzen KI ein, um Prozesse zu automatisieren, Entscheidungen zu optimieren und neue Geschäftsmodelle zu entwickeln. In der Industrie 4.0 spielt KI eine zentrale Rolle bei der Vernetzung von Maschinen und der Optimierung von Produktionsprozessen. Auch im Finanzwesen wird KI eingesetzt, um beispielsweise Betrug zu erkennen und Anlageentscheidungen zu treffen.

Die Zukunft der KI ist voller Potenzial. Experten erwarten, dass KI in den kommenden Jahren noch stärker in unser Leben integriert wird. Intelligente Assistenten werden uns im Alltag unterstützen, autonome Fahrzeuge werden unsere Straßen prägen und KI wird uns helfen, komplexe Probleme zu lösen, die wir heute noch nicht bewältigen können.

Um die Chancen der KI zu nutzen und die Risiken zu minimieren, ist es wichtig, die Entwicklung der KI aktiv zu gestalten. Dazu gehört eine breite gesellschaftliche Diskussion über die ethischen Implikationen der KI sowie Investitionen in Bildung und Forschung. Nur so können wir sicherstellen, dass die KI zum Wohl der Menschheit eingesetzt wird.

Utopie?

Stell dir eine Welt vor, in der intelligente Assistenten uns in allen Lebenslagen zur Seite stehen. Ob bei der Organisation unseres Tagesablaufs, der Suche nach Informationen oder der Steuerung unseres Smart Homes – KI-basierte Assistenten werden uns den Alltag erleichtern und uns mehr Zeit für die wirklich wichtigen Dinge im Leben lassen.

Autonome Fahrzeuge könnten unsere Straßen sicherer und effizienter machen. Staus gehören der Vergangenheit an, und wir können die Fahrtzeit für andere Tätigkeiten nutzen. Die Logistik wird revolutioniert, da Lieferdrohnen und selbstfahrende LKW-Waren schneller und umweltfreundlicher transportieren können.
In der Medizin wird KI dazu beitragen, Krankheiten früher zu erkennen und effektiver zu behandeln. Personalisierte Therapieansätze werden möglich, da KI-Systeme in der Lage sind, riesige Datenmengen zu analysieren und individuelle Behandlungspläne zu erstellen.
Auch in anderen Bereichen wie der Bildung, der Energieversorgung und der Landwirtschaft wird KI zu bahnbrechenden Innovationen führen. Intelligente Tutoren werden das Lernen individualisieren und effektiver machen. Intelligente Stromnetze werden die Energieversorgung stabiler und nachhaltiger gestalten. In der Landwirtschaft können KI-Systeme dabei helfen, Erträge zu steigern und den Einsatz von Pestiziden zu reduzieren.

Die Möglichkeiten sind nahezu unbegrenzt. Die KI hat das Potenzial, viele der großen Herausforderungen unserer Zeit zu lösen, wie den Klimawandel, die Überalterung der Gesellschaft und die wachsende soziale Ungleichheit.

Ein Blick in die Zukunft der KI lässt uns mit Spannung und Optimismus erwarten, welche neuen Möglichkeiten sich eröffnen werden. Es ist eine Zeit der großen Veränderungen, und die KI wird dabei eine entscheidende Rolle spielen.

Black-Box

Eine der größten technischen Herausforderungen besteht darin, KI-Systeme zu entwickeln, die robust und zuverlässig sind. Aktuelle Modelle sind oft anfällig für Störungen und können bei unerwarteten Eingaben falsche Ergebnisse liefern. Zudem ist es schwierig, die Entscheidungen von komplexen KI-Modellen nachzuvollziehen und zu erklären. Diese sogenannten "Black Box"-Modelle erschweren es, Vertrauen in die Ergebnisse zu entwickeln und Fehler zu identifizieren.

Ein weiteres Problem ist die Skalierbarkeit von KI-Systemen. Um immer komplexere Aufgaben lösen zu können, benötigen KI-Systeme enorme Rechenleistung und große Datenmengen. Die Entwicklung energieeffizienter Hardware und Algorithmen ist daher von großer Bedeutung.

Die Zukunft ist nicht Mensch gegen Maschine, sondern Mensch und Maschine. KI wird unser Partner, unser Werkzeug und unser Verbündeter sein. Indem wir die Stärken beider Welten vereinen, können wir Herausforderungen meistern, die wir allein nie bewältigen könnten. Es ist mehr als nur eine Technologie, sie ist ein Spiegel unserer selbst. Sie wirft tiefgründige Fragen auf über unsere Existenz, unsere Werte und unsere Zukunft. Eines ist sicher: Die Reise mit der KI hat gerade erst begonnen. Wohin sie uns führen wird, liegt in unserer Hand.

„KI ist so grundlegend wie Elektrizität. Sie wird alles verändern, wie wir leben, arbeiten und spielen."

- Jeff Bezos

ZUSÄTZLICHE RESSOURCEN

Folge uns auf Instagram für weiteren Content.

@goshosde

GOSHOS